D1721640

VOYAGE EN ÉTHIOPIE
ET AUTRES ÉCRITS AFRICAINS

Curzio Malaparte

VOYAGE EN ÉTHIOPIE

ET AUTRES ÉCRITS AFRICAINS

Traduit de l'italien par Laura Brignon

arléa

16, rue de l'Odéon, 75006 Paris
www.arlea.fr

L'éditeur remercie Alessia Rositani Suckert.
Avec l'aimable autorisation des éditions Adelphi.

Novembre 2020 pour la présente édition
EAN 9782363082282
Viaggi in Etiopia © Eredi Curzio Malaparte, Italie
© Arléa – Janvier 2012 pour la traduction française
et la présentation

L'Éthiopie de Malaparte

Voyage en Éthiopie et autres écrits africains regorge de descriptions magnifiques et hallucinées d'une Éthiopie unique, entrecoupées de considérations souvent contradictoires dont il est difficile de déterminer si elles relèvent d'une conviction véritable de l'auteur ou d'un discours opportuniste.

Cette ambiguïté de Malaparte est constante au fil des pages, où les contradictions se multiplient : la grandeur du peuple italien et sa simplicité côtoient une fascination, une admiration à peine voilée et un respect profond des peuples éthiopiens, présentés comme extrêmement dignes ; un portrait absolument caricatural d'Abebe Aragaï, chef des « brigands », figure à côté de descriptions de la répression des rebelles, appelés tels quels par l'auteur ; le paysage éthiopien est tantôt présenté comme la reproduction d'une campagne italienne paisible, tantôt comme le décor grandiose, extraordinaire et unique, de scènes oniriques et parfois inquiétantes... De ce fait, la lecture de ces articles peut surprendre, voire choquer par son ambiguïté idéologique.

Pour Malaparte, ces écrits s'inscrivent dans un double contexte, national et personnel. Rappelons que l'Italie fasciste espérait compter parmi les grandes puissances en se dotant d'un empire colonial. En 1939, les troupes italiennes procèdent donc à la « pacification » de l'Éthiopie après la conquête de celle-ci, advenue quelques années auparavant. Cette entreprise s'accompagne d'un travail de propagande auquel les journalistes participent largement. Or, à cette même période, Malaparte tente de regagner l'estime du régime fasciste ainsi que sa place de journaliste après une période de disgrâce qui l'a mené au *confino*. Il vient à peine de retrouver le droit d'exercer sa profession au moment où il propose de faire un reportage éthiopien au *Corriere della Sera*. L'écriture de ces articles permet à l'écrivain de servir les objectifs qu'il cherche à atteindre. Pour lui, c'est à la fois l'occasion de rattraper le temps perdu loin des projecteurs de l'actualité, de se retrouver au centre de l'attention – place à laquelle Malaparte tient par-dessus tout –, mais aussi l'opportunité de saluer l'Italie coloniale fasciste et de faire ainsi preuve d'allégeance au régime. Son discours fera donc l'éloge d'un « Empire blanc », de l'incroyable capacité des Italiens à reconstruire leur pays en terre inconnue, de la valeur civilisatrice de cette entreprise, etc.

Mais comme le lui a conseillé l'un des employés du *Corriere della Sera* (conseil probablement superflu au demeurant !) dans une de ces lettres : « Il suffit que vous soyez *Malaparte*. » Docile, une fois n'est pas coutume, Malaparte fait du Malaparte. Et par la fulgurance de sa langue, il transfigure la réalité historique en un long poème épique.

Laura Brignon

Voyage en Éthiopie

L'Afrique n'est pas noire

D'ici peu, la diligence pour l'Afrique quittera le port, pleine à craquer de malles, de valises, de ballots, de paniers, de mères, d'enfants, de colons, d'ouvriers. Les chevaux piaffent d'impatience, ils frappent de leurs sabots le pavé marin, hennissent dans l'air âpre. On entend un fouet claquer, c'est peut-être le vent dans les haubans et les bâches. C'est vraiment une diligence, ce petit paquebot qui partira d'ici peu vers Massawa et Assab : et c'est comme si je disais vers Abbiategrasso, Cerignola, Bagnacavallo. Une bonne vieille diligence de province, de celles qui parcourent les grands-routes d'un bourg à l'autre, d'un marché à l'autre, et disparaissent par moments dans l'insolent nuage de poussière et de fumée que les camions-remorques laissent sur leur passage.

Les gens qui se pressent sur le quai sont les mêmes qui, sur les places de nos villages ombragées par de beaux arbres vifs, se regroupent autour de la diligence quand le cocher monte sur le siège : des au revoir rebondissent entre le quai et le bateau, comme des balles en caoutchouc. Des bandes d'enfants se poursuivent sur le pont du paquebot, se penchent par-dessus le bastingage, et une ribambelle de petits chiens les suit la queue en l'air, aboyant gaiement à ce joyeux vacarme, à ces odeurs étranges, à ce tumulte nouveau. Les grues gémissent et, suspendues aux palans, des grappes de paniers, de berceaux, de matelas, de machines agricoles, des trophées de bêches et de houes, des panoplies volantes de râteaux et de faux se balancent. Les dockers vocifèrent, s'interpellent, courent çà et là bras tendus, les yeux en l'air. En face, aux fenêtres des maisons, autour de la grande place surveillée par le *Castel Nuovo*, apparaissent de belles filles aux cheveux noirs et lisses, aux yeux brillants, qui appuient leur poitrine sur le bord de la fenêtre, entre un pot de géraniums et un pot de romarin. Elles agitent leurs bras en signe de salut, envoient des baisers de la pointe de leurs doigts. Mais il est encore tôt, à peine onze heures, et la diligence ne partira pas avant minuit. Toutes ensemble, les fenêtres se referment subitement, se rouvrent peu après, et les mêmes filles reparaissent, sources de voix joyeuses et sonores.

Scintillante de lumières, Naples dort comme une belle femme qui se serait couchée avec ses bijoux, ses colliers de verre, ses boucles et ses bracelets de corail ; et qui aurait oublié d'éteindre la lampe. Accoudé à la fenêtre de l'horizon, tel un vieux marin dans sa maison du bord de mer, le Vésuve fume sa courte pipe en terre en regardant les beaux navires, les îles lointaines : et il soupire. Il regarde les gamins qui se poursuivent sur le pont du paquebot, il regarde les mères, les fillettes, les hommes au front brûlé par le soleil, il regarde l'horizon marin, la nuit noire sur le golfe : et il soupire. D'ici peu, la diligence partira, elle tournera au coin de la rue, s'engagera sur la route de la mer, la grand-route pour l'Afrique. Le quai résonne déjà de cet affairement extrême, de ce tumulte plus sonore qui accompagne toujours le fracas des ancres. Les enfants et les femmes crient des noms et saluent depuis le pont du bateau, les hommes, appuyés au bastingage, fument, leur chapeau rejeté en arrière. Et voilà, la diligence bouge, se détache du quai, tirée par deux remorqueurs. Le hurlement de la sirène rebondit sur l'onde, frappe les vitres des fenêtres. Endormis dans leurs lits de fer ornés de paysages et de madones, les vieux se tournent sur le côté en soupirant, les jeunes filles sautent de leur lit, pieds nus, courent ouvrir grand les persiennes, et ce geste ressemble à une embrassade, comme si elles voulaient serrer contre leur cœur la mer, le golfe, le petit bateau qui part, et s'éloigne désormais. Puis, quand le paquebot tourne derrière la pointe de la jetée, elles referment toutes ensemble leurs persiennes, s'en retournent au lit sur la pointe des pieds, soufflent toutes ensemble sur leur chandelle, et la ville sombre dans la nuit.

Au même moment, sur le pont, les gamins, entendant le cri des mouettes, lèvent leur visage incertain et surpris par cette voix d'enfant aérienne. Le vieux Vésuve aussi entend ce cri : il est encore là, accoudé à la fenêtre de sa maison du bord de mer, son menton hirsute posé sur sa main ouverte. Il fait aller son regard de droite à gauche, lentement, sans bouger son visage, puis il se retire tout doucement, en tapant sa pipe sur la pierre noire de l'appui de la fenêtre. Légère comme un nuage, la cendre s'envole, se pose délicatement sur la ville endormie. Le Vésuve disparaît dans ce nuage gris, les monts, les maisons, les rives, la mer disparaissent. Et dans le ronflement tiède de l'hélice, les enfants vont au lit, s'endorment dans leurs couchettes, heureux, et rêvent des belles routes de la mer, des diligences qui avancent en grinçant entre les haies bleutées des rivages lointains, du cocher qui fait claquer son fouet allégrement en murmurant aux chevaux : « Ho ! Rosina ! C'est bien, Morello ! ». Et les chevaux hennissent doucement, trottent les yeux fermés, agitant leur longue crinière blanche dans l'air turquin.

Le matin, sur les petites places des villages, après une courte nuit de sommeil paisible, les paysans, la houe sur l'épaule, rentrent des champs et saluent en passant les marchandes affairées autour des paniers de fruits et de légumes, les ménagères qui apparaissent sur le pas de la porte en s'essuyant les mains dans leur tablier, et parlent entre elles, à travers les taches d'ombre et de soleil, dans l'air limpide qui fleure bon l'ail et le pain frais. Devant le café des Sports, les commis parlent de cyclisme, de l'Ambrosiana et de la Juventus, de matchs et de championnats, pendant que le médecin du village traverse la place en fumant, et que le cantonnier s'entretient près de la fontaine avec le géomètre venu du chef-lieu, un homme grand et gros qui parle fort, gesticule, et tantôt s'applique une tape sur le front pour repousser son chapeau en arrière, tantôt se donne un coup sur la nuque pour le rabattre sur ses yeux. Il y a aussi le boucher sur le seuil de sa boutique, et le boulanger tout blanc, le charbonnier tout noir, le jeune pompiste, le cycliste qui loue les vélos aux filles le dimanche, le garagiste qui parle de pneus et de moteurs. Chère Italie, immémoriale Italie.

Ce matin, le pont du bateau est pareil à la placette de n'importe quel village italien. Assis contre les manches à air, les hommes parlent de semences, de greffes, de camions, du prix du bétail, des réserves d'huile et de blé, et ce sont les mêmes que l'on rencontre, le matin, dans tous les villages d'Italie. Ils ont les mêmes conversations, les mêmes mots, les mêmes gestes. Mais on perçoit comme un nouvel accent, une cadence insolite dans leur voix. On comprend qu'ils s'en vont accomplir une besogne délicate, déterminée et importante à la fois. Comme s'ils ne se rendaient pas en Afrique seulement pour leur compte, leur vie et leur avenir, mais pour le compte, la vie et l'avenir de tous. Ils partent pour réaliser une œuvre commune ; et bien que personne n'oublie ses propres projets, on sent qu'ils ont mis leurs forces et leurs espoirs en commun pour réaliser une œuvre commune. Certains ont déjà été en Éthiopie en 1935 et en 1936. Ils se sont battus à Dembeguina, à Maychew et, à présent, ils retournent là-bas avec leurs familles et leurs outils. D'autres traversent la mer pour la première fois.

Mais il faut être attentif pour distinguer les uns des autres, car ils ont tous les mêmes visages, les mêmes attitudes, et ils parlent tous de l'Afrique comme d'un pays familier, d'une terre amie que chacun connaît et chérit depuis longtemps. Une Éthiopie bien différente des cartes de Hereford et de Sanudo-Vesconte, de l'Éthiopie de Ménélik et de Baratieri. Car, pour les Italiens, il n'existe rien en ce monde d'inconnu, de mystérieux et de monstrueux. Ils vont en Argentine, au Brésil, aux États-Unis, en Tunisie, en Éthiopie comme s'ils allaient dans un village proche du leur, de l'autre côté du Pô ou des Apennins ; comme s'ils ne changeaient pas d'État ni de continent, mais de province. New York, la commune de Cerignola, Buenos Aires, la province d'Abbiategrasso, Gondar, la circonscription de Bagnacavallo. Ils mesurent ces nouvelles terres à l'aune de leur village, de l'horizon de la Vénétie, de l'Émilie, des Pouilles, du Piémont. Ils ne sont pas animés, comme d'autres peuples, par l'esprit d'aventure. Les Italiens ne laissent rien au risque, à l'imprévu, à l'inconnu ; ils prévoient tout, ils savent ou devinent tout. Dans leur esprit, les moissons, les vignes, les maisons germent déjà, fleurissent déjà, se dressent déjà avant même de sortir de terre. Où qu'ils aillent, leur unique préoccupation n'est pas de créer un monde nouveau, différent du monde familier qu'ils viennent de quitter, mais de reconstruire un morceau d'Italie. Chacun porte en soi, dans les tréfonds de son âme, des sarments de vigne, des épis de blé, des tuiles rouges, des meules de paille, des arbres et des rivières, des lacs, des montagnes. L'Italie est en chacun d'eux, avec ses champs, ses villages, ses bois. Un peu d'Italie, toute l'Italie. Ils ne partent pas seulement pour semer du blé, mais, dirais-je, pour semer un peu de leur ciel, de leur paysage, de leur horizon dans une terre étrangère. Si bien que, partout dans le monde, où que l'on trouve des travailleurs italiens, le paysage est empreint d'une touche familière, intimement italienne : un mur, un arbre, une maison, une haie et, serais-je tenté de dire, une montagne, une rivière, un nuage.

Autour de moi, je les entends déjà discuter des bœufs de la plaine de Kobbo, du Sélalé, du Harar, comme s'ils parlaient de leurs bœufs de Reggio Emilia, d'Arezzo ou des Pouilles. Ils parlent de vignes, de pâturages, d'oliviers sauvages, de croisements, de greffes : et un paysan de Cesena dit que dans la concession de l'*Ente colonizzazione* Romagne d'Éthiopie[1], dans le Wagara, on plante déjà les vignes romagnoles. « On boira bientôt de l'albana », dit-il. Un autre, qui est boulanger, parle déjà de doura et de *tef** ; un autre encore du café de Zeghè, sur le lac Tana. Ils savent déjà tout de l'Éthiopie. Un jeune homme à l'accent lombard raconte qu'à Debré May, dans le Gojam, le podestat...

---

1. Approximativement « Agence de colonisation Romagne d'Éthiopie ». Organisme créé en 1937 dans le but d'effectuer une colonisation démographique. Il existait également l'Agence Pouilles d'Éthiopie et Vénétie d'Éthiopie. Elles étaient contrôlées par l'armée (NdT).

* Glossaire en fin de volume.

– Le podestat ? demandé-je ; il y a un podestat à Debré May ?

– Moi, je n'y ai jamais été, me répond-il, mais je sais que le podestat est milanais et qu'il s'appelle Calderoni.

Puis il m'explique que Calderoni commande le fortin, qu'à Debré May tous les miliciens sont calabrais, et je comprends que Calderoni n'est pas le podestat, mais le commandant du bataillon de Chemises noires. Un autre me dit : « Je vais dans une scierie à Belleta, c'est dans le Galla-Sidamo », et il me parle de la scierie qu'il n'a jamais vue comme s'il y était né et y avait grandi. Il me raconte que les singes de Belleta en veulent à mort à nos ouvriers parce qu'ils abattent les arbres et, de temps en temps, s'ils rencontrent l'un d'entre eux un peu à l'écart de la scierie, ils lui flanquent une volée de coups de bâtons ; et tous de rire, comme s'il avait raconté une rixe dominicale de son village.

Pendant ce temps, certains sont allés chercher des tables et se sont mis à jouer aux cartes, d'autres, debout, regardent le jeu, les femmes sortent par groupes sur le pont ; et immédiatement, celui-ci prend une allure familière de cuisine, de salle à manger, de cour de ferme, de petite place. Les mères s'assoient en cercle ; les unes tricotent, reprisent ou cousent, les autres coiffent ou arrangent la tenue de leurs enfants, d'autres échangent quelques mots avec les joueurs. La mer frissonne alentour, bleu et vert comme un immense pré. Les femmes aussi parlent de l'Afrique comme d'un pays voisin, là, juste derrière la porte. Elles ne disent jamais « l'Éthiopie », mais « là-bas », comme s'il s'agissait simplement d'aller d'un bourg à l'autre, de changer de maison. Et aux enfants qui demandent, en regardant l'horizon bleuté : « Maman, c'est où l'Afrique ? », elles répondent : « Là, derrière la mer », comme elles diraient : « Derrière ce mur, derrière cette haie. » Les enfants scrutent un instant le ciel, là où il effleure l'eau, ils montrent du doigt un nuage qui frôle les ondes, léger et lointain, puis retournent à leurs jeux, grimpent sur les échelles, montent et descendent d'un pont à l'autre, glissent leur tête dans les bouées accrochées au bastingage, se poursuivent en poussant des cris joyeux ; et ce sont eux les vrais maîtres à bord. Le capitaine est là-haut, sur la passerelle de commandement, mais il ne se risque pas à mettre le nez hors de son cagibi. Les matelots aussi se cachent, effrayés : on les entend bouger et murmurer derrière les rouleaux d'amarres, les canots de sauvetage, les grandes caisses de fer peintes en blanc, agrémentées de numéros rouges et noirs, on les entend glisser, pieds nus, sur le pont, respirer derrière les bâches que le vent gonfle doucement, comme si c'étaient les matelots qui soufflaient dessus, on les entend se parler dans le doux dialecte triestin. Et, parfois, on en voit apparaître un derrière une grande caisse, une touffe de cheveux blonds sur un front brûlé par le soleil, des yeux bleus distraits par les jeux des enfants. Et on les entend faire *zéé zéé*, comme un chevreau, *tcho tcho*, comme les poules.

Pourtant, un je-ne-sais-quoi d'insolite, d'inattendu, émerge peu à peu de cette atmosphère familière, de ces scènes de vie intime et paisible de village italien : comme si un sentiment nouveau prenait conscience de lui-même dans le cœur de ces hommes rudes et sensibles au fur et à mesure qu'ils s'éloignent de l'Italie. Notre peuple n'est plus le même qu'il y a dix, vingt, trente ans. Une mutation s'est produite dans son esprit, dans sa façon traditionnelle de réagir face à la nature, à la réalité, à l'Histoire. La transformation qui s'est accomplie chez le peuple est bien plus profonde que celle qui a eu lieu au sein de la bourgeoisie et, plus généralement, au sein de la classe dirigeante. Chez les ouvriers, les paysans, les artisans, même les plus simples et les plus ignares, un élément nouveau a pris conscience de lui-même, qui dépasse à présent les catégories morales, sociales et historiques traditionnelles, rompt avec les schémas bourgeois de la morale, de la société, de l'histoire, refuse de se plier à la rhétorique des préjugés et de l'expérience. Si ces simples travailleurs rêvent encore d'aller reconstruire un morceau de leur pays en Éthiopie, d'aller semer « là-bas » un peu de leur ciel, de leur paysage, de leur horizon, ils pressentent toutefois que les problématiques fondamentales de l'Empire sont autres que les problématiques traditionnelles de l'émigration italienne : celles, pour être plus clair, d'une *Little Italy* à fonder sur les hauts plateaux éthiopiens. Combien de *Little Italy* les Italiens ont construites dans le monde depuis soixante ans ! Ils sentent qu'il ne s'agit pas seulement d'aller en Afrique pour piocher, bêcher, construire des maisons, des routes et des ponts, mais que leur tâche est bien plus grande, plus noble, plus exigeante que ce que spécifie leur contrat de travail ou le laissez-passer délivré par la préfecture. Ils ne savent pas encore précisément ce qui les attend là-bas, quels seront les problèmes qu'ils devront affronter : mais ils savent qu'ils ne les résoudront pas à l'aide des vieilles formules de la colonisation bourgeoise, capitaliste. Ils savent qu'ils sont les instruments d'un projet bien plus noble et plus vaste qu'une banale entreprise de colonisation. L'Éthiopie n'est pas le Congo, le Sénégal ni le Kenya. Elle ne deviendra jamais une « colonie » au sens strict du terme : mais un Empire blanc, forme et mesure de ce nouveau monde, de ce nouvel univers, vers lequel le peuple italien tend désormais comme à un légitime retour avec toute la force de sa tradition et de sa volonté.

Pendant ce temps, le vent de Sicile cède au vent de Grèce, une île bleue aux montagnes enneigées émerge peu à peu des eaux, puis les premières étoiles africaines apparaissent dans le ciel pur. Et au fur et à mesure que, nous approchant de la côte, l'odeur boueuse du Nil s'épaissit dans l'air marin, quelque chose germe dans le cœur de mes compagnons de voyage. Leurs paroles prennent un autre sens, leurs gestes se font plus lents et plus ouverts à la fois. On sent qu'autour d'eux et en eux le monde s'ouvre, s'élargit. Je lève les yeux vers le ciel et, déjà, le ciel a changé, il n'est plus celui d'hier. Il s'échappe dans des gouffres bleus, plonge dans des réverbérations très hautes et aveuglantes. Les rapports se transforment entre les éléments, entre les personnes : ici, la nature change d'échelle. En vue de Port-Saïd, un paysage fait de grues, de bateaux, de cheminées, de gazomètres, de silos, de quais encombrés de marchandises vient à notre rencontre. Puis ce sont les rives sablonneuses du canal, les étendues de sable jaune, lentes, lointaines et ondulées. Et la nuit tombe, la lune liquide point du désert. Les cargos glissent avec prudence, se croisent, lancent des appels rauques dans la brume lunaire, parmi les géométries arides de rives cimentées, sous le ciel parsemé d'étoiles froides et scintillantes.

Nous voilà à présent en vue de Suez, face au décor funèbre de tours en fer, de réservoirs de pétrole, de baraques, de hangars couverts de tôle ondulée. Des montagnes de béton armé émergent du sable au bord de la rade, des constructions agrandies par la perspective, comme les gratte-ciel de Manhattan vus du Standish Arm de Brooklyn. Le canal ressemble à Broadway vu de Bowling Green. Un canyon énorme et profond, flanqué de son Chrysler Building, de son Daily News Building. Une rue du monde, une des rues les plus bondées du monde. Des dragues tapies dans le noir émettent un horrible grincement de dents, on entend d'obscurs crépitements, des cliquetis de chaînes, des ronflements de moteurs.

Nous passons la nuit sur le pont, l'aube nous surprend alors que nous naviguons déjà sur la mer Rouge. Lointain à l'horizon, le mont Sinaï se déplace lentement dans la transparence argentée de l'air. Son spectre pâle plonge peu à peu dans un nuage très vert, d'une violente couleur d'herbe, qui flotte dans le ciel, pré renversé. On entend des coups sourds, là-bas, au fond, à l'est, et on dirait que la lumière frappe à une porte close, sur un mur élevé. Jusqu'à ce que le ciel se fende comme une grenade et que, de la fente, perle, délicate et sauvage, la lumière rosée du matin. Et tout à coup, alors que l'Afrique nue et maigre se révèle à nos yeux, nous sentons que l'Italie n'est plus derrière nous, dans notre dos, mais bel et bien là-bas, devant nous, là où le soleil tape sur la terre nouvelle comme sur le front d'Adam.

Des villes de l'Empire blanc

Après tout, j'ai bien fait de me représenter Ajax, fils de Télamon, l'œil droit à demi fermé, ombragé par un pli ironique de sa paupière supérieure. Et, ce pli de la paupière, je me suis toujours plu à le supposer accentué par la courbe de son omoplate droite, tirée vers le bas par son poing énorme. Grand et massif, les bras longs, sa lourde tête posée sur ses épaules carrées comme celles d'un buste en marbre (la tête vive, lente mais vive, sur un buste marmoréen immobile) : depuis mon enfance, c'est ainsi que je me suis toujours imaginé Ajax, fils de Télamon. Et c'est ainsi que m'apparaît le gouverneur de l'Érythrée, S. E. Daodiace, debout à côté de la fenêtre, herculéen, ironique, débonnaire, la paupière droite mi-close sur la flamme vigilante de son regard, l'épaule un peu courbée, un sourire étroit et léger sur ses grosses lèvres.

— Vous ne prétendriez tout de même pas, par hasard, me dit Daodiace, vous entretenir avec le chef des moines d'Axoum comme s'il s'agissait de l'archevêque de Canterbury ?

Même M. Conte, jeune fonctionnaire du ministère de l'Afrique italienne, chargé par le bureau d'études du ministère de se rendre dans les différents gouvernements de l'Empire, et qui m'a accompagné, ces jours-ci, dans mes itinéraires à travers l'Érythrée, sourit, mi-perplexe, mi-amusé.

— Pourquoi ne venez-vous pas avec moi ? lui dis-je ; auriez-vous peur des mulets ?

— Je ne sais pas, répond M. Conte, si le ministère...

Non que la proposition de m'accompagner dans mon voyage à dos de mulet jusqu'à Addis Abeba l'effraie : ce sont plutôt mes idées sur l'Éthiopie et ma façon préméditée de confondre Axoum et Canterbury, Debré Markos et Eton qui le laissent perplexe.

— Si vous voulez voir à quoi ressemble l'Éthiopie, lui dis-je, vous devez vous déplacer à dos de mulet, pas en avion ni en autocar. Vous devez quitter les autoroutes et emprunter les pistes, les sentiers. Voulez-vous m'accompagner ? Je pars demain matin en voiture pour Gondar et à Gorgora, sur le lac Tana. À Gorgora, je traverserai le lac en bateau...

— Une traversée de quatre-vingt-cinq kilomètres..., observe M. Conte.

— ... et de Bahar Dar à Addis Abeba...

— ... environ sept cents kilomètres..., dit M. Conte.

— Nous trouverons sans doute deux mulets et quelques *ascari* pour nous escorter. Allons, décidez-vous : venez avec moi.

— Allons donc, sourit M. Conte.

Mais il a l'air de trouver étrange l'idée d'aller à Addis Abeba en traversant le Gojam à dos de mulet, quand tout le monde s'y rend en avion ou en voiture par la route impériale de Dessié. Une idée un peu étrange, et, semble-t-il vouloir dire, guère orthodoxe.

M. Conte connaît parfaitement l'Empire. Il connaît les itinéraires officiels, les us et coutumes des peuples, la quantité exacte de ciment et d'asphalte employée pour la construction des routes ; il connaît les chiffres et les données statistiques, le nom des montagnes, des fleuves, des lacs, des ruisseaux et des villages ; il connaît, en somme, l'Empire dans ses moindres secrets géographiques, géologiques et bureaucratiques ; et je pense que son secours me sera précieux pour me mettre sur la bonne route, ou, en l'occurrence, sur le bon sentier. Mais il ignore de l'Afrique exactement tout ce qui comporte un intérêt particulier pour moi : je veux dire tous ces éléments qui font qu'en un sens l'Éthiopie n'est pas une colonie, mais un « pays blanc ».

Depuis le premier jour où j'ai mis les pieds en Érythrée, j'ai l'impression de me trouver dans un pays qui appartient au monde de ma culture, au monde de mon grec et de mon latin. L'arrière-pays éthiopien n'est pas l'Afrique, mais l'Europe. Une Europe passée et future, celle comprise dans l'arc qui va de Mycènes à Manhattan. Et le langage qui me vient naturellement pour parler de l'Érythrée est celui que j'emploierais en visitant la Grèce ou l'Amérique du Nord. Ainsi, je voudrais que mon voyage en Éthiopie soit semblable à celui d'Ampère en Grèce, ou au voyage de Siegfried aux États-Unis. Car l'Éthiopie n'a jamais rien eu et n'a rien en commun avec l'Afrique conventionnelle, telle que les sociétés géographiques de l'Europe victorienne et les ministères des Colonies de cette époque-là l'entendaient. Elle n'appartient pas, ni par son histoire, ni par sa géographie et son ethnographie, au Continent noir, à l'Afrique ténébreuse de Livingstone, de Stanley, ni à celle de Cecchi, de Bottego, ou du père Massaia, couverte d'immenses forêts vierges, trempées et obscures, peuplées de singes tuberculeux, de pauvres bêtes féroces et de sauvages ; c'est-à-dire une Afrique guère dissemblable, *grosso modo*, de celle que nous ont décrit les géographes et les explorateurs de tous les temps, d'Hérodote aux marchands médiévaux, aux cartographes ligures, vénitiens, majorquins, aux auteurs de la carte d'Hereford et de celle d'Ebstorf, lesquels parlaient de monstres, de plantes humaines, d'anthropophages en liberté, de crocodiles ayant la forme d'ours écailleux qui nageaient dans les fleuves en portant de noirs pygmées sur leur croupe, de chevaux cornus à queue d'éléphant et à mâchoire de chèvre, d'oiseaux au visage de femme et de prés où la viande crue poussait comme de l'herbe.

L'Éthiopie n'a rien à voir avec l'Afrique de Solinus et d'Isidore, ni avec la lointaine terre rimbaldienne des « fleuves barbares », pas plus qu'avec l'Afrique toscanisante, libérale et manzonienne de Ferdinando

Martini, en d'autres termes, celle de *Faccetta nera*[1]. C'est un pays en soi, que la nature, l'Histoire, la morale religieuse et sociale rendent extrêmement singulier. Et il serait idiot, sinon très dangereux, de confondre les problématiques de l'Éthiopie, des hauts plateaux éthiopiens, avec les problématiques typiquement coloniales du Danakil, de la basse plaine occidentale, de la Somalie, ou du Galla-Sidamo. L'Éthiopie n'a jamais été, n'est pas et ne sera jamais un pays « colonial » : ce n'est pas, je veux dire, un pays « sans histoire ». Celui qui parcourrait les hauts plateaux abyssins, les hautes terres des Amhara, sans s'apercevoir qu'il met les pieds sur le même substrat historique, social et moral que celui sur lequel la civilisation chrétienne d'Europe (ou mieux, la civilisation de l'Europe méditerranéenne, à travers Byzance, Jérusalem et l'Arabie) est fondée, ne pourrait comprendre que, du point de vue historique et moral, l'Éthiopie est déjà mûre pour servir de fondement à la création d'une grande civilisation blanche, et ne pourrait, de fait, se rendre compte à quel point sa possession est importante non seulement pour l'Italie, mais pour le destin de la civilisation blanche en Afrique et au Proche-Orient. Car il ne s'agit pas de faire de l'Empire une copie « coloniale » de l'Italie, mais un pays absolument neuf, qui aura sans aucun doute, dans toute l'Afrique et dans

1. Littéralement « petit visage noir ». Née de la propagande fasciste, cette chanson exalte le rôle libérateur des Italiens en Afrique (NdT).

le bassin de la mer Rouge, si ce n'est peut-être plus loin, le même rôle que l'Amérique du Nord dans l'Atlantique et dans le Pacifique, et que le Japon en Extrême-Orient.

On trouve confirmation de ce que je viens de dire une fois parti de Massawa, dès que l'on pose le pied sur les hauts plateaux érythréens. Asmara nous apparaît immédiatement, par son aspect et par son esprit, pareille à certaines villes du centre des États-Unis : du Middle West, par exemple. Les routes larges, droites, la disposition et le style des édifices, l'intensité de la circulation, la quantité incroyable de voitures luxueuses, rapides et silencieuses qui parcourent ses grandes allées bordées de maisons blanches aux lignes pures et modernes, d'immeubles en verre et en ciment, dignes et intelligents, la retenue même de ses habitants, les modes et le rythme de leur activité, tout révèle clairement l'esprit intime de cette ville surgie en quatre ans seulement – je dis bien quatre ans seulement –, les lignes de son avenir, les idées et la volonté qui président à son développement, à son rôle, à son destin. Ceux qui ont vu Asmara avant 1935 et même ceux qui ne l'ont vue qu'en 1937 ne la reconnaîtraient pas aujourd'hui. Où est la petite ville de province, l'Asmara « coloniale » d'il y a quatre ou cinq ans ? Paisible, rangée, somnolente, posée sur la lisière des hauts plateaux comme un pot de fleurs sur un rebord de fenêtre ? Où est l'ancienne capitale bourgeoise d'une colonie pauvre et mesquine, où est l'Asmara d'autrefois, aux grâces inutiles, à l'horizon sans fond ? On y vivait bien, disent ceux qui l'ont connue avant 1935. Et ils ont l'air de l'excuser : mais c'est l'excuse classique de la bourgeoisie italienne dès qu'il s'agit de justifier sa propre insuffisance, sa propre mesquinerie. On y vivait bien : et après ? Cette Asmara-là était un miroir : le miroir colonial de l'Italie bourgeoise. Désormais, cette époque est morte ; d'autres époques sont nées. En Érythrée, on est immédiatement frappé par une sensation de grandeur de vues inhabituelle : une générosité et une largesse d'idées et d'intentions, dont l'architecture, les routes, la circulation ne sont que les témoignages extérieurs, sans pour autant être les plus négligeables. Bien que tempérés par la prudence et la parcimonie naturelle des Italiens, par leur bon sens obstiné, par leur réalisme simple et averti, leurs actes et leurs ambitions respirent dans un horizon beaucoup plus grand que celui dans lequel leur histoire personnelle se déroule d'ordinaire. Et bien que je sache que l'Érythrée pierreuse et assoiffée est pauvre, que c'est peut-être la région la plus pauvre de tout l'Empire, bien que je sache que les Italiens y gagnent leur vie au prix d'un dur labeur, je ne peux toutefois me défendre de l'impression précise et insistante de me trouver dans un pays riche. La brève saison de la guerre où le gain était facile et l'argent abondait est désormais terminée : une fois la fièvre de 1935 et de 1936 passée, tout rentre dans l'ordre. Mais il ne s'agit pas de l'ordre ancien, de l'ordre colonial habituel et avare.

Aussi étrange que cela puisse sembler, il est avéré que le développement organique de l'Érythrée a commencé non pas avec la guerre, mais après 1936. Cette région qui semblait destinée à être la région sacrifiée de l'organisation nouvelle ayant suivi la conquête de l'Éthiopie en se retrouvant brutalement, du jour au lendemain, à l'arrière-garde politique et géographique de l'Empire, cette région, qui semblait être la seule de l'Afrique orientale italienne destinée à voir pourrir ses chantiers, ses baraques, ses villes improvisées en bois et en tôle, est aujourd'hui celle où l'Empire prend forme le plus clairement, où il perd le plus rapidement ses caractéristiques coloniales, où il révèle son caractère définitif d'*Empire blanc*. Il faut juger le nouveau destin de l'Érythrée dans le cadre impérial de l'Afrique orientale italienne en considérant Decamere, plutôt qu'Asmara. Il y a trois ans encore, Decamere n'était qu'un bazar provisoire de baraques, amas chaotique de garages, d'ateliers de réparations mécaniques, de bidons d'huile et d'essence, de dépôts de pneus, de pièces de rechange, d'asphalte, de poutres en fer, de matériaux de construction. C'est aujourd'hui une ville moderne, en verre et en ciment, qui régule sa circulation tumultueuse par de larges routes au tracé géométrique, et dont les tours des silos et les cheminées fumantes se profilent dans l'air limpide, en face des collines pourpres de Mai Edaga.

Ce centre, qui ressemblait toujours en 1937 à l'une de ces villes typiques du Far West, destinées à être abandonnées et détruites, ou à se déplacer de centaines et de centaines de kilomètres vers le sud, le nord, l'est, l'ouest, autour d'autres carrefours, dès que les circonstances auxquelles elles devaient leur naissance viendraient à disparaître, est aujourd'hui à l'Empire ce que la Grand Central Station de New York est au Middle West et à l'Ouest des États-Unis. Mais si son développement extraordinaire était dû jusqu'à présent, en tout cas ces trois dernières années, à sa fonction de point de départ des grandes voies de communication avec l'Afrique orientale italienne, son avenir est dicté par son essor industriel de grand centre destiné à rassembler, à industrialiser et à trier les produits des hauts plateaux éthiopiens. Car le destin de Decamere et de toute l'Érythrée n'est pas lié à celui d'Assab, de Djibouti ou de Mogadiscio. Elle a son propre destin, son propre rôle, qu'aucune autre ville de l'Empire ne peut lui enlever ni entraver. Et c'est justement à Decamere – qui hier encore pouvait ressembler à une création artificielle, provisoire, due à une heureuse rencontre de conditions et d'intérêts aussi favorables qu'exceptionnels – qu'il est possible d'évaluer le développement futur et le rôle inévitable de l'Érythrée dans l'Empire blanc d'Éthiopie.

La terre des hommes rouges

La terre qui vient à ma rencontre sur la route qui descend d'Asmara vers la vallée du Mareb est une terre dure, aride, rouge, tant par son aspect que par son humeur, d'une pauvreté âpre et très belle. La voiture roule à travers d'immenses étendues de chaumes jaunes, parsemées d'arbres malingres, au trait résolu et abstrait à la fois. Des images nettes et précises se détachent en relief du fond en verre de ce paysage surréel, régi par un ordre arbitraire, alogique, par une architecture qui aurait renversé les quatre règles de Vignole. Tout y semble déplacé, non pas par hasard, mais par norme. Même la route, cette magnifique route moderne, lisse et élastique, brillante d'asphalte sous le soleil matinal encore oblique, suit un tracé imaginaire, se détache par moments du sol, monte sur des plans aériens, si bien que j'ai parfois l'impression que je suis suspendu en l'air comme les chevaux, les hommes et les maisons dans certains tableaux de Chagall. Les lois de cette étrange perspective créent des plans fuyants à l'envers, où les objets grandissent à l'œil au fur et à mesure qu'ils s'éloignent. Le buisson, là-bas, plus grand que cet arbre. La ferme du comte Marazzani, à ma droite, a la même valeur qu'un fauteuil dans un paysage de Salvador Dalí.

La route descend tout à coup dans une vallée enserrée entre des parois couvertes de fourrés épineux, puis s'étend dans une plaine légèrement ondulée, d'une tristesse déserte et pleine de rancœur. Des merles métalliques s'envolent à notre passage, créant dans l'air un bref éclair vert et bleu qui se réfléchit, au loin, dans les replis azurés et blancs du ciel. Les eucalyptus, denses, au sommet des coteaux, autour des églises et des cimetières, sont immobiles dans le soleil jaune, et la clarté argentée de leurs feuilles donne une légère nuance olive au paysage. Il n'y a pas un souffle d'air. Les grands arbres respirent sans bouger, ils semblent être en verre : à travers leur tronc, leurs branches, leurs feuilles, on voit passer les nuages au loin – ou peut-être montent-ils comme la sève par les vertes nervures. Un long crépitement court dans l'herbe : comme si une pluie invisible tombait de l'amas de nuages suspendu au rebord des hauts plateaux, au-dessus de la profonde cuvette de lave et de sel du Danakil.

La route sculpte à présent la chair à vif des coteaux. Ici, la terre est rouge, de la même couleur que ses habitants. Rouge Érythrée. Car les peuples d'Érythrée, les Hamasen, comme tous les Amhara, se désignent eux-mêmes comme *hommes rouges*, pour se distinguer des hommes noirs, des lignées inférieures, des races d'esclaves. Le visage de ces peuples se confond avec le rouge de la terre, avec le vert pourpre, avec le jaune pourpre, avec le bleu pourpre des forêts de ronces, des chaumes, des nuages. On pense aux peintures des tombes de Tarquinia, de Chiusi, de Cere, aux pêcheurs, aux chasseurs, aux guerriers, aux danseurs étrusques dont les cheveux étaient très noirs et le front rouge. Au visage de coquelicot de Velia Velcha.

Mais il s'agit d'un rouge abstrait, qui ne tient ni de la flamme, ni du sang. L'abstraction de ce paysage typiquement surréaliste n'est pas seulement due à l'étrange couleur pourpre de la terre, mais aussi à l'absence absolue de vie animale. Ici, on dirait que la vie se réduit à un rapport étroit, et hostile, entre la terre et le règne végétal. Pas d'odeur de troupeaux, de bouse, de maisons, cette odeur indéfinissable de vie animale qui rend nos villages vivants et familiers. Si je voyais soudain un homme ou un animal à un détour de la route, ou en haut de ce sentier, je suis certain que je le percevrais non comme un être vivant, mais comme une image abstraite, ou une plante, un rocher. Comme s'il n'avait rien d'animal, d'humain. J'aurais l'impression qu'il ne bouge pas, qu'il ne respire pas, mais qu'il est immobile et privé de souffle dans la solitude rouge de cette nature violente et morte.

Nous avons maintenant passé Adi Ugri, et ses maisons blanches parmi les eucalyptus, ses *toukouls* alignés derrière les baraques en *tchica* qui bordent la place du marché. Alors que j'ai encore dans les oreilles le murmure de la foule assemblée sur la place, nous retournons dans la campagne déserte et pier-reuse. Et voilà tout à coup qu'un homme apparaît en haut de la colline et descend d'un pas agile, un homme en chair et en os, enroulé dans son fouta blanc, les mains appuyées sur le bâton posé en équi-libre sur ses épaules, en travers du cou, pareil à un léger joug. Son visage, ses mains, ses tibias dispa-raissent, brûlés par la lumière insolente et fixe. On dirait un mouvement de vêtements, une flamme blanche qui descend rapidement le coteau.

Arrivé près de la route, l'homme retient ses pas. Sa présence n'humanise en rien le paysage. Tout ce qui est humain est étranger à cette étrange terre. On croit traverser une partie de la nature où l'homme ne peut être qu'un accident : un hasard. Et le soupçon qui m'assaille depuis quelques jours me revient à l'esprit : le soupçon que le rapport entre l'homme et la nature est, ici aussi, non pas d'origine physique, mais seulement morale. Rapport entre homme libre et nature esclave. Rapport qui constitue l'essentiel de la dignité de l'homme dans le monde chrétien. Ce peuple n'espère rien de cette terre nue et inféconde, sa faim ne demande rien à ces amas de pierres où le soleil s'abat dans un déchi-rement mat. C'est seulement de Dieu et de ses pro-pres forces qu'il espère salut et nourriture, seulement de sa paix avec Dieu, lequel fait surgir les bœufs de la terre, les moissons des pierres, l'eau du sable, pour nourrir et désaltérer ses enfants. Ce qui advient à ce moment même sous mes yeux, car le paysage désert s'anime peu à peu (peut-être y a-t-il un village, un marché à proximité) et d'autres hommes apparaissent sur la colline. Des troupeaux de chèvres, de bœufs efflanqués, au dos gibbeux, sortent çà et là des halliers. Mais ils semblent détachés de la nature alentour, comme s'ils étaient animés par une vie propre, comme de vraies chèvres et de vrais bœufs dans une crèche d'étoupe et de stuc. À l'ombre des euphorbes et des eucalyptus, des groupes de femmes accroupies autour de leurs outres de *tej* et de *tella*, des corbeilles d'*injera*, nous regardent passer en silence, sans esquisser un geste : immobile, un ciel bleu, chargé de hauts nuages baroques à l'horizon, pend sur leur front. Quelque chose de précis, de définitif, flotte dans l'air : mais, comme on percevrait instinctivement en forêt la présence d'un animal derrière un buisson, je sens dans l'épaisseur des broussailles qu'un élément propre à mon monde, à ma morale, à mon histoire s'est déjà insinué dans cette nature abstraite : et c'est la dignité humaine.

Nous nous arrêtons à Adi Quala pour nous approvisionner en essence. Quelqu'un a attaché un mulet à la pompe, comme à un arbre. Le pauvre mulet, tout étourdi par les vapeurs d'essence, oscille sur ses pattes, et semble rêver qu'il a des ailes.

Donnant sur le talus qui dégringole vers la vallée du Mareb, Adi Quala est un hameau érythréen typique, aux petites maisons blanches, aux *toukouls* disposés en ordre sur les bords de la route. (Il doit y avoir une fête, aujourd'hui, un drapeau pend à chaque fenêtre.) Devant les maisons, installés autour de tables de bar à l'ombre de quelques pauvres arbres aux feuilles chiffonnées, des ouvriers lisent le journal, jouent aux cartes, bavardent tranquillement. Debout au milieu de la route, un jeune homme en uniforme fasciste – il s'agit peut-être du secrétaire du Faisceau – discute à voix basse avec un prêtre copte qui tient un parasol orné de bandes rouges et bleues. Assis à califourchon sur une chaise devant la porte de sa boutique (il y a écrit *Saloon* sur l'enseigne), le barbier napolitain, une flûte à la bouche, peine à monter et à descendre les degrés de la gamme de sol mineur. Des essaims de mouches invisibles font un bourdonnement d'hélice dans l'air poussiéreux. C'est toujours le village italien typique qui émerge sous l'enduit de *tchica*. La pyramide de flasques de chianti à l'intérieur du restaurant. Entre des montagnes de fromage et de savonnettes vertes, le charcutier expose des bouquets de spaghettis attachés par un ruban tricolore. La vitrine du cordonnier déborde de chaussures et de sandales pour *charmoutas*, de petites chaussures en toile, en caoutchouc, en cuir brillant, plates, à petits talons, à talons aiguilles, de mules rouges, vertes, jaunes, brodées d'or et d'argent. Trois *charmoutas* vêtues de longues tuniques en satin bleu foncé, rose, bleu clair sont immobiles devant la vitrine. Elles pressent leurs doigts sur la vitre, parlent en souriant. Leurs cheveux sont assemblés en de petites tresses graisseuses qui, en retombant sur leur nuque, dessinent sur leur cou une crinière mouvante et vivante. Elles ont un front altier, un visage olivâtre, de grands yeux noirs.

Combien elles diffèrent des *charmoutas* de Massawa, d'Asmara, de Decamere, désormais corrompues, humiliées, et, dirais-je, embourgeoisées. Ces *charmoutas* de village n'ont pas encore perdu la notion de leur dignité sociale. D'une certaine façon, elles aussi témoignent de cet ancien monde hellénique, païen et chrétien, qui, à travers Alexandrie et Byzance, a apporté aux Éthiopiens une grande partie de leur civilisation. Avec le clergé, elles sont peut-être les plus fidèles gardiennes de la grande tradition byzantine, à travers les rites, les préjugés, à travers les pratiques et les cérémonies magiques auxquelles la religion copte est encore asservie. Elles forment un corps social, une caste qui a sa place dans la hiérarchie sociale, ses privilèges. Elles exercent sur les villages une autorité que même le clergé respecte, et dont certains résidents, les meilleurs, n'hésitent pas à user à des fins d'ordre social. Au fur et à mesure que l'on pénètre au cœur des hauts plateaux éthiopiens, les éléments originels de la civilisation des peuples amhara prennent du relief, apparaissent dans toute la complexité de leur nature, révèlent le caractère sacré de leur origine. Si les *charmoutas* sont aujourd'hui une institution sociale, le temps où elles furent une institution religieuse, une caste sacerdotale, n'est pas si lointain. Ce sont elles qui dansent lors des cérémonies sacrées, ce sont elles qui occupent la place d'honneur dans les processions, dans les rites, dans la grande fête du *Masqal.* En un certain sens, elles sont les garantes, les protectrices des villages face à Dieu. Et que ceux qui jugent une telle affirmation irrévérencieuse relisent saint Augustin, les textes où il parle du caractère sacré des compagnes d'autrefois, du respect que leurs témoignaient les premiers chrétiens. Leur antique dignité a survécu à la décadence du corps social éthiopien. Leurs traits, leurs gestes, leurs visages sont très purs. Elles ont en elles quelque chose de guerrier. Je ne serais pas surpris si elles portaient une longue épée dissimulée sous leurs robes. Leur antique dignité est certainement destinée à survivre, sous une forme ou sous une autre, à ces temps nouveaux. Ce qu'il est important de comprendre, c'est que leur existence a une raison qui va au-delà du vice, de la coutume. Elles ne sont pas ce qu'on appelle une « plaie sociale » en Europe. Elles deviendraient une plaie sociale si un jour leur fonction devait se corrompre, décliner ou, pour mieux dire, s'embourgeoiser : si un jour elles devaient perdre la notion de leur antique dignité.

Mais une bande de gamins arrive en marchant en file, et l'un d'eux, qui fait le caporal, les guide en criant *uné deux*. D'autres gamins déboulent de derrière un *toukoul* en agitant leurs bannières en papier, et c'est le début de la mêlée. Tout à coup, le petit caporal fait cesser le feu, se plante devant moi au garde-à-vous, me salue en portant la main à la boîte en carton qui lui fait office de képi. Puis ils s'en vont fièrement en file, faisant claquer avec force leur pied droit, *uné deux*, derrière leur bannière en papier. Et un enfant au visage noir, aux cheveux laineux, au nez épaté, le fils d'un esclave, resté à l'écart pour contempler la bataille, les regarde s'éloigner les yeux pleins d'une jalousie triste. C'est un gamin « noir », il ne peut pas jouer avec les gamins

« rouges ». Il a une petite balle en caoutchouc et il la fait rebondir par terre en la frappant avec un morceau de bois. La balle rebondit sur l'asphalte de la route, et le gamin la regarde comme si la balle était vivante, un animal vivant. Au bout d'un moment, il lève les yeux, me regarde, oublie son jeu, continuant à battre rythmiquement son morceau de bois dans le vide. Dès que la voiture démarre, le gamin se secoue, me sourit. Et je me rends compte que son sourire est un présent que je lui fais.

À peine sommes-nous sortis du village l'air se fait plus dense, une chaleur de four nous engloutit. Lointaines à l'horizon, les *ambas* du Tembien, les montagnes d'Adoua se dressent lentement, oscillant comme des montgolfières. Le Tembien, ce Manhattan de pierre. Elles se soulèvent peu à peu dans le ciel, certaines éclatent comme des ballons en caoutchouc. Le terrain lévite tout autour, se gonfle en d'énormes bulles de chaleur, l'air semble devoir éclater d'un instant à l'autre, comme une baudruche. L'air est jaune, couleur de peau, criblé de pores larges et gras, gercé par mille petites rides. Et, de temps en temps, il éclate ici et là, révélant des pans de ciel rouges, comme de la chair à vif.

Il est presque midi. Sous le soleil à pic, un étrange bourdonnement, un murmure diffus, comme celui d'un fleuve d'insectes, coule dans la vallée du Mareb aveuglée par la réverbération. De grands acacias ombellifères, d'immenses euphorbes, de gigantesques sycomores, des fourrés d'arbustes épineux trouent de taches d'ombre la splendeur jaune des chaumes. Nous

nous arrêtons devant le cimetière de Mai Lala, où gisent les ouvriers du chantier Gondrand massacrés pendant leur sommeil. Le silence est si haut et immobile dans la petite enceinte que le crissement de nos bottes sur le gravier rouge retentit horriblement entre les pauvres tombes. Sur de nombreuses croix, il est écrit « Ouvrier inconnu ». Tant la furie des assassins fut bestiale. Soudain, je ne sais comment, je me surprends à parler à voix haute. Nous sortons sur la pointe des pieds, remontons en voiture. Accroupi sous un arbre, un pan de son fouta ramassé sur son front, un homme nous regarde. Ses yeux sont énormes, blancs dans son visage « rouge ». À notre passage, il découvre son front, soulève lentement son bras, et lentement il écrit le nombre onze dans l'air.

Le Christ d'Axoum

Les maisons et les cases d'Adoua tremblent dans la canicule. La rue est déserte. De temps à autre, quelques indigènes traversent la place, là, au fond. Leurs pieds prudents soulèvent des nuages de poussière engourdis. Là-haut, le *guebbi* du ras Seyoum ; là-haut, dans l'église délabrée de Saint-Georges, la tombe du roi Théodoros. Le photographe, qui a sa boutique dans une baraque à côté du restaurant, m'indique le lieu où se dresse l'Arbre de la justice. Des portraits de guerriers, de chefs, de chauffeurs, de miliciens sont accrochés aux murs ; une grande photographie de Badoglio et de De Bono prend place à côté du portrait des deux enfants du ras Seyoum, livides, défraîchis, vacillants dans la lumière blanche. Le photographe est un jeune homme petit et maigre, il me parle avec regret de la période de la guerre, d'Adoua pleine de miliciens et de chauffeurs, de cette époque riche qui appartient désormais au passé.

— Elle ne reviendra plus, me chuchote-t-il.
— Non, assurément, lui réponds-je.

Adoua est restée à l'écart des grandes lignes de communication. Au début, il était prévu que la route impériale menant à Dessié et Addis Abeba passât par là. Finalement, on l'a fait passer par Decamere, Adigrat et Qwiha. « C'est une injustice », dit-il. Je lui demande pour quelle raison il s'obstine à rester ici, pourquoi il ne prend pas son appareil photographique, ses rouleaux de pellicules, ses albums de portraits et ne va pas plus au sud, plus à l'ouest, vers Dessié, vers Gondar, vers le Gojam. Pourquoi n'a-t-il pas fait comme les autres ? Pourquoi n'a-t-il pas suivi les chantiers, les garages, les magasins ? Cette partie du Tigré ne sera toujours qu'une zone de transit, rien de plus. Croirait-il que nous avons conquis l'Éthiopie dans le but de nous arrêter dans le Tigré pour casser des pierres ? L'avenir est plus loin, de l'autre côté de ces montagnes.

Il me regarde d'un air déçu et indécis.

— Non, ce n'est pas pour cela, dit-il. Et il ajoute aussitôt : c'est peut-être vous qui avez raison. Mais...

Il ne réussit pas à s'arracher à ces quatre cailloux.

— Pourtant, dit-il, Adoua mériterait de devenir un grand centre.

— Pourquoi ? lui demandé-je.

— Parce que c'est une terre sacrée, pour nous autres, Italiens. Tant de milliers des nôtres y sont morts.

— Les morts d'Adoua[1], lui dis-je, ne sont pas ensevelis dans cette terre. Ils sont ensevelis dans notre

1. La bataille d'Adoua, qui eut lieu en mars 1896 et opposa les Italiens aux Éthiopiens, vit la défaite des Italiens et l'échec de leur

cœur. Chacun d'entre nous les porte avec lui dans son cœur. On serait bien, tiens, s'ils étaient ensevelis dans cette terre !

Il me regarde mais ne me comprend pas. Tout en enroulant de ses doigts maigres les pellicules dans mon appareil photo, il regarde autour de lui, observe un par un les portraits accrochés aux murs, les étagères pleines d'enveloppes, de cuvettes en celluloïd, de bouteilles, de boîtes en carton.

– Dommage, dit-il ; pourtant, les Italiens ne devraient pas oublier Adoua.

– Adoua ? lui répondis-je ; mais qui s'en souvient encore ?

Il comprend alors, et il sourit. Il m'accompagne jusqu'à la porte et me suit du regard pendant que je traverse la rue.

L'Arbre de la justice est un immense sycomore, solitaire, sur une pente douce près du marché aux bestiaux. Un fleuve de vent, aux berges sablonneuses, au lit chaud et profond, coule en murmurant dans la forêt de feuilles aérienne. Pourtant, pas une feuille ne bouge. Immobiles, elles pendent sans un frisson, muettes et opaques. L'énorme tronc me surplombe, blessé par mille rides rougeâtres. Pendant des siècles, les corps noirs des pendus se sont balancés à ses branches, sous les vols de vautours. C'est ici que les chefs du Tigré rendaient la justice.

---

tentative de colonisation. Ce fut la première défaite d'une nation européenne face à une nation africaine dans le contexte de colonisation (NdT).

La nuit qui suivit la tragédie héroïque, les mains et les pieds tranchés des *ascari* s'amoncelèrent devant Ménélik.

Je m'assieds sous l'arbre, le dos appuyé au tronc. Mon regard descend du mont Semayata à l'amba Sebbat solitaire, au mont Soloda, au Kidane Mehret, aux deux cimes du Gossoso. Là-bas, la place est déserte, la rue est déserte. Adoua est désormais un petit village ensommeillé. Une nuée de mouches traverse l'air poussiéreux en bourdonnant. C'est un petit village coupé du monde, et même la route pour Gondar le laisse à l'écart, enfermé dans sa vallée pierreuse. Tant mieux. Ça devait se passer ainsi. On serait bien, tiens, si nous ne pouvions pas faire un pas sans nous souvenir d'Adoua. Les morts d'Adoua, les soldats et les miliciens des bataillons éparpillés dans le Choa, le Harar, le Jima, le Gojam les ont emportés avec eux dans leur cœur.

Je lève les yeux et je vois, là-haut, un grand oiseau battre des ailes dans le ciel, à pic sur le col de Fremona. Une cigogne. Elle navigue lentement dans le profond gouffre azur, ses pattes tendues en arrière, son long cou en avant, les ailes déployées. Et derrière elle un vol entier de cigognes, en triangle : les plumes blanches, parsemées de légers reflets verts et turquins, les pattes et le bec rosés. Homère et Hérodote racontent que, chaque année, au début de l'hiver, les cigognes abandonnent leurs nids perchés sur les toits pointus du septentrion et volent vers les montagnes éthiopiennes. Elles traversent la mer et vont se battre contre les Pygmées, sur ces hautes montagnes pourpres.

L'oiseau qui guide le vol incline la tête de mon côté, on dirait qu'il me regarde, comme le faisait la cigogne amie, gravée sur le linteau de l'école Cicognini. Combien de fois ai-je suivi le vol lent des cigognes vers la rouge Éthiopie depuis les bancs du lycée! Les yeux mi-clos sur la couleur mûre du jour qui s'éteignait peu à peu dans le jardin de l'hôpital de la Miséricorde (une odeur d'acide phénique se mêlait à l'odeur des choux et des pampres séchés), je voyais l'ombre des ailes glisser sur les toits des maisons. L'écho des fusillades d'Adoua ne s'était pas encore éteint en Italie. Dans notre imagination d'enfants, Adoua était torve et menaçante sous un ciel ardent, et son herbe dégorgeait de caillots sanglants: un lieu de martyre inutile, de vain sacrifice. Mais au-dessus des cimes, le ciel d'Adoua est si haut et si pur aujourd'hui! Si pur que les cigognes semblent faites de matière transparente. L'ombre légère de leurs ailes effleure l'immense chevelure de l'arbre et les feuilles jouent une musique douce et lointaine dans l'air limpide.

Une rumeur joyeuse m'ébranle: deux gamins luttent ensemble, ils s'empoignent, tombent, roulent à terre et, autour, d'autres gamins rient, agitent leurs mains noires aux paumes roses. Je me perds dans le jeu et je ne vois pas que les gamins ont disparu. Un troupeau de bœufs où se mêlent des chevaux et des ânes chargés d'outres gonflées d'eau monte le sentier. Un berger les suit, tenant une longue lance en bambou en équilibre sur son épaule. Puis, du fond de la vallée, on entend un clairon retentir, et le son s'enfonce peu à peu dans la vase chaude de midi. Au loin, sur la route d'Axoum, passent des indigènes montés sur des chevaux blancs, qui poussent devant eux des mulets et des ânes chargés de sacs de doura, de *tef* et de *berbéré*, et, dans le nuage de poussière qu'ils soulèvent, on distingue des femmes portant sur la tête des corbeilles d'*injera* et des amphores de *tej*. Deux *zaptiés* descendent très lentement vers la caserne des carabiniers royaux. Debout au milieu de la route, son casque colonial rejeté sur la nuque, un milicien crie des mots violents et doux, comme s'il se parlait à voix haute. Et tout à coup, au-dessus de ma tête, les funèbres feuilles de l'arbre terrible se mettent à tinter, un murmure secret parcourt ses veines profondes, pleines de sang humain. Ses branches crépitent, s'agitent dans un craquement, ses feuilles s'entrechoquent comme des lames de couteaux, et on dirait que l'arbre est sur le point de se déplacer, de s'arracher du sol et de s'enfuir vers la vallée.

Ivres, les obélisques d'Axoum viennent vers moi, dodelinant de la tête dans la canicule. Alors que je traverse la place du marché et me dirige vers la cathédrale Sainte-Marie-de-Sion, des essaims de mouches viennent vers moi. À travers ces épais nuages bourdonnants, j'aperçois confusément une foule de moines, de chèvres, d'enfants, de femmes, d'ânes, de chiens. Des gamins à demi nus m'encerclent, criant à perdre haleine une comptine faite de mots, de noms, de nombres : « Un, deux, trois, quatre, cinq, six, sept, huit, neuf, dix, Victor-Emmanuel III roi d'Italie et empereur d'Éthiopie, Mussolini fondateur de l'Empire, lundi, mardi, mercredi, jeudi, vendredi... » Mais un enfant arrive en courant et crie : « Nom dunepipe, nom dunepipe » et ils lui adressent tous un regard plein de rage envieuse, peut-être parce qu'il connaît un mot de plus.

Et voilà la cathédrale, au milieu des eucalyptus, des obélisques, des *toukouls*, des maisonnettes des *charmoutas* plongées dans la poussière (et, sur le seuil, sous le petit drapeau rouge accroché au linteau, les *charmoutas* vêtues de soie jaune, verte, bleue s'inclinent en retenant des deux mains leur peignoir sur leur poitrine) ; voilà la cathédrale au milieu des tombes, des moines, des enfants, des tas d'ordures, des mendiants, des *daftaras* de Nefâs, et, tout autour, les sanctuaires, les tabernacles, les pierres sacrées, les eaux bénites. Une ville plus ancienne que Paris, Londres, Berlin, Vienne, Madrid, Moscou. « La mère des villes », la patrie d'élection des neuf saints de Rome, la Jérusalem africaine, le berceau de Marie, la nouvelle Nazareth, la nouvelle Béthléem où est né le Christ des peuples « rouges », le Dieu de la Nubia Christianorum, le Christ éthiopien au visage écarlate, aux cheveux noirs et crépus, aux pieds mouchetés de puces-chique, expert en magie, décoctions, onctions, que les prêtres, dans le secret des églises, nourrissent d'*injera* et de *zigni*. Le Christ au front pourpre, auquel les *charmoutas* offrent des *masqals* en argent, des pots de miel, des cornes de bœuf pleines de *tella*, des bouteilles de lait fermenté et des petits sacs de *berbéré*. Le Christ des Amhara, le

Christ de la nouvelle Byzance, où l'Évangile des premiers siècles survit sous la croûte de saleté, de bouse de vache, de moisissure noirâtre et odorante formée par l'encens.

Dans l'enceinte sacrée, le *mamher*, coiffé d'une mitre en toile blanche, soulève la croix en argent ; deux moines accourent, ils frappent avec un bâton deux grosses pierres – les cloches –, suspendues à une corde tendue entre deux arbres : l'onde de ce son long, triste, mat me pousse doucement vers la place du marché. Le magasin grouillant de chauffeurs, l'odeur de bière et de saucisson, les deux ouvriers de Vénétie qui discutent sous les arcades devant le bureau de tabac, et les mots qui s'envolent comme des feuilles de papier jauni dans l'air épais de soleil et de mouches. Les jardins récemment arrosés autour des baraques, et la jeune fille qui entre dans le bistrot, un grand panier de salade sous le bras, en disant en dialecte romagnol : « Les gars, il va pas tarder à pleuvoir », et tous d'aller sur le pas de la porte et de lever les yeux vers un nuage de sauterelles grouillant de pattes et d'ailes pourpres qui apparaît derrière le mont des Lépreux. Quelqu'un crie : « Zut, j'ai oublié mon parapluie en Italie », et tous de rire et de rentrer dans le bistrot en se poussant dans le dos les uns les autres. Devant la maisonnette au toit en tôle, une femme enceinte appelle : « Giuvanin ! Giuvanin ! », et je regarde ses coudes gras, ses épaules larges, ses hanches rondes, jusqu'à ce qu'un enfant apparaisse dans l'encadrement de la porte, tenant de ses deux mains un énorme morceau de pain qui masque son visage jusqu'aux yeux.

Le soleil déjà oblique glisse lentement le long des remparts crénelés de la cathédrale. Et, tout à coup, on entend au loin un vrombissement de moteurs qui s'approche peu à peu, fait trembler les maisons, appelle les gens sur les seuils et aux fenêtres. Une colonne de camions entre sur la place, et immédiatement elle se remplit d'un joyeux tumulte ; on entend des voix, des rires, des interpellations enjouées auxquels vient se joindre, depuis le bistrot, le tintement des verres que le tenancier aligne en toute hâte sur le comptoir en bois.

Les Dolomites éthiopiennes

Hier, quand j'ai quitté Axoum, le ciel sur la cuvette de Selaclaca était couvert d'écailles rouges, luisantes, semblables à ces pétales de fer-blanc peint qui tapissent le plafond au-dessus de l'autel de la Madone dans certaines petites églises de pêcheurs siciliens. La douceur de l'heure (le crépuscule était proche), la splendeur dorée des chaumes, les ombres bleutées des arbres éveillaient en moi des pensées légères, des images sereines. Des troupeaux de bœufs paissaient çà et là dans la vaste étendue ondoyante des hauts plateaux, brisée à l'horizon par les profondes blessures que les torrents impétueux, à la saison des pluies, creusent dans la terre en descendant vers le Tekezzé. Des troupeaux de bœufs dans une crèche immense. Plus bas, au fond de la cuvette, où quelque secrète veine d'eau incisait dans le jaune miroitant des chaumes un fin liseré d'herbe vert mat, on croyait voir couler, exactement comme dans une crèche, un fleuve en papier d'argent. Des bergers, assemblés autour des sycomores et des acacias ruisselants d'ombre bleue, nous saluaient en levant le bras avec une dignité venue du fond des âges. Rien d'arcadien, toutefois, rien d'idyllique dans cette nature au contour libre et pur, mais une paix maigre, osseuse, solide, une paix orgueilleuse. Tout à coup, au détour de la route, dans un golfe paisible entre les coteaux, où des équipes d'ouvriers italiens construisent la léproserie de l'ordre de Malte, un trille vint à mon oreille, l'*elelta* : cri de joie des Éthiopiens. C'étaient des lépreux accourus de tout le Tigré qui campaient là avec leurs chèvres, leurs ânes, leurs chevaux, comme des pèlerins se pressant en foule autour d'un sanctuaire. Les femmes se couvraient le front, les hommes agitaient les mains devant leur visage parsemé d'écailles argentées. Des bandes de gamins, un toupet se dressant telle une crête de jeune coq au sommet de leur tête rasée, couraient le long de la route, tombaient, se relevaient, soulevant un nuage de poussière où ils disparurent bientôt.

La présence de ces lépreux, les tombes des mille Italiens tués lors de la bataille du Shire, groupées dans les petits cimetières de la cuvette de Selaclaca n'avaient rien de triste. La magie de cette lumière des hauts plateaux est telle qu'un bonheur singulier vous pénètre par les yeux. C'est la lumière d'un pays qui a renoncé depuis des siècles et des siècles à vivre le drame de son histoire et s'est recueilli dans un repos, dans une vie immobile qui témoigne tout autant d'une décadence historique que d'une paix morale enfin atteinte. Dans le Shire, on est aux portes d'Axoum, ancienne capitale d'un empire qui a conquis l'Arabie, s'est montré peu ou prou sur les rives de la Méditerranée, a été en contact avec Rome, Alexandrie, Byzance, Jérusalem, qui a fait du grec sa langue noble, celle de la cour, des épigraphes, de la monnaie. Après la chute de l'empire axoumite, le Tigré s'est enfermé dans sa paix solitaire et sublime, une paix chrétienne, dépourvue toutefois du ferment politique du christianisme. La situation actuelle de cette région, proche par de nombreux aspects de celle d'autres peuples, asiatiques et même européens, se lit dans la quiétude abstraite de la nature, le repos immobile des habitants, les aspects ordinaires de la vie des bergers adossés à des troncs de sycomore, d'eucalyptus, d'euphorbe, comme les Grecs d'aujourd'hui aux colonnes de leurs temples en ruine. Dans ces hautes terres tigréennes, le sens de l'Histoire est désormais devenu matière à mémoire, à rêve. Hier soir, à Enda Sélassié (le soleil se couchait dans un ciel bleu liquide, et les cases, les maisonnettes en *tchica*, les baraques au toit de tôle, les *toukouls* peints en rouge, en jaune, en vert, de ce gros village de presque deux mille habitants, surgi comme par enchantement là où trois ans plus tôt ne poussaient que des broussailles sauvages, semblaient éclairés de l'intérieur, tant l'intense lumière du couchant rendait les murs transparents), hier soir, alors qu'en compagnie du vice-résident, M. Ellero, je montais à la vice-résidence, un pavillon construit au sommet du petit coteau qui surplombe le village, les sons, les odeurs, les couleurs m'arrivaient nets, précis, détachés les uns des autres, avec une délicatesse et une immédiateté propres aux rêves, à l'atmosphère subtile et précise des rêves. Au pied du coteau, sur le nouveau terrain de jeu à la barrière repeinte de frais, où la terre rouge ressemblait à une mosaïque en marbre brillant, une équipe de miliciens jouait au football contre une équipe de carabiniers royaux. Les joueurs se poursuivaient, se regroupaient, se bousculaient, se dispersaient à toute vitesse, revenaient s'agglutiner devant l'une ou l'autre des deux cages, et ils semblaient chercher une issue, tenter de s'échapper par ces cages aériennes vers la pénombre croissante du crépuscule bleu. Le ballon ressemblait à un oiseau fatigué, il voletait doucement d'un côté à l'autre du terrain, le bruit sourd des chaussures frappant le cuir arrivait atténué et lointain, l'atmosphère était sereine, rose, dépliée sur la vallée comme une immense nappe en lin. Les baraques, les petites maisons des *charmoutas*, les *toukouls* des *ascari* et des gardes civils près de l'église, les touffes d'eucalyptus, étaient comme des broderies sur cette nappe. Le nom du village, Enda Sélassié, peint à la chaux sur le terrain en grandes lettres blanches, évoquait le *bonne nuit* brodé avec une belle calligraphie sur l'oreiller de notre enfance.

Mais ce matin, à peine parti d'Enda Sélassié, au fur et à mesure que je descends vers la vallée du Tekezzé, la lumière se trouble, l'œil fixe et rond qui me suit depuis les hauteurs du ciel s'embue, tout entouré d'épines brillantes, comme une fleur de chardon. Ses rayons se font durs, poussiéreux, courts et perçants ; ils finissent par pénétrer ma peau à travers la veste, et mon front devient sensible et piquant comme une pelote d'épingles. Ce que je perçois immédiatement, après Dembeguina et le cimetière militaire que gardent les deux chars d'assaut de Martelli et de Crippa, c'est cette rapide corruption de la lumière.

Les lignes du paysage s'altèrent, se décomposent, comme si elles étaient peintes sur une toile de fond agitée par le vent. Une sorte de putréfaction rapide enfle et déforme les choses. Le mont Lerha Seitan, avec ses deux bosses rondes, ressemble à une charogne de chameau. Là-haut, des vols de vautours tournoient au-dessus de ce paysage en décomposition. Mes mains enflent, deviennent jaunes, puis verdâtres. Le carabinier qui m'arrête au poste de contrôle d'Adi Gebru a le visage tuméfié, comme un boxeur qui vient de descendre du ring. Il a les yeux aqueux, saillants, les pupilles dilatées. Mais c'est la couleur de l'air, rien d'autre.

Une brume sanguine se lève du fond de la vallée. La route descend en lacets audacieux, durement taillée dans la roche rouge, friable, qui surplombe la rivière. L'aspect de ces ravins, de ces crêtes tranchantes, de ces roches couvertes de sable, cendre pourprée, rappelle les collines argileuses d'Asciano et les falaises de Volterra. Mais au pied de chaque arbre, autour de chaque rocher, dans l'épaisseur de chaque buisson, dans chaque petite tache d'ombre, les chaumes, les pousses, les feuilles mortes se putréfient. Il suffit d'un peu d'ombre, dans cette aridité désespérée, pour que la nature se corrompe, pourrisse. Les broussailles hérissées de feuilles acuminées dégagent une vapeur dense et visqueuse qui colle au visage, aux mains, aux vêtements. La terre bout et crépite sous la croûte dure du ciel ; une flore exaspérée et violente fend les pierres ; les arbres s'entrechoquent, leurs branches comme des lances, leurs feuilles comme des couteaux. Une pestilence aux relents d'acide phénique et d'excrément de chat m'enveloppe, mes mains puent, mes vêtements puent. Le bourdonnement mystérieux et blême de nuées d'insectes traverse la lumière grasse, d'étranges ombres huileuses glissent sur les troncs et sur les roches. Des singes poussent des cris rauques dans l'épaisseur de la forêt de cendre vénéneuse, poursuivent la voiture, sautant de branche en branche, grotesques et menaçants. Un groupe de gazelles tremble de froid dans la touffeur de la canicule. Et les serpentaires, ces grands oiseaux pareils à d'énormes dindons qui se nourrissent de serpents, se retournent pour nous regarder, sortant leur tête stupide et cruelle des chaumes. L'un de ces oiseaux, immobile à un détour de la route, nous attend impavidement, ses petits yeux ronds et fixes sur son front fuyant, planté sur ses deux longues pattes écartées, maigres et écailleuses. De son bec sort l'extrémité d'un serpent noir qui se débat, gros comme un bras d'enfant. Et l'on dirait vraiment le bras d'un enfant appelant à l'aide depuis le ventre du serpentaire.

Devant le pont en fer qui enjambe le Tekezzé, une sentinelle *ascari* nous arrête. Nous n'irons pas plus loin.

— On passe pas, *goitana*.

— Pourquoi on ne passe pas ?

— On passe pas. Pas d'ordre.

— Je vois. Appelle le chef de poste.

Le chef de poste, un *boulouk-bachi* érythréen, accourt et se met au garde-à-vous.

— On passe pas, *goitana*. Si toi pas permis, véhicule isolé pas pouvoir passer le pont.

— Appelle l'officier.

— Monsieur officier dormir.

— Réveille-le.

— Pas d'ordre, *goitana*.

J'ai compris. Je n'irai pas plus loin. Pourtant, M. Ellero devrait avoir téléphoné depuis Enda Sélassié. Le convoi a pris une dizaine de kilomètres d'avance, on voit la poussière épaisse que les voitures soulèvent sur l'autre rive, vers l'amba Madre. Je me penche au-dessus du parapet, je regarde l'eau couler entre les berges encaissées, sur les bancs de gravier rouge. Une chaleur étouffante me tenaille les tempes. Pour quelques vauriens de *chiftas*, pour quelques misérables brigands, tant de précautions ! C'est alors qu'un jeune homme torse nu sort d'une petite baraque en *tchica* construite devant le pont. Il porte des culottes courtes, son casque est rejeté sur sa nuque. C'est l'officier de garde au pont et au gué de Mai Timchet. Il est moite de sueur. De temps en temps, il secoue la tête et de grosses gouttes s'envolent. Il était déjà au courant de mon passage, il m'attendait pour m'offrir une bière.

— Les *chiftas* ? dit-il ; oui, quelques canailles pour qui le brigandage est un métier, rien de politique.

Ils s'en prennent aux véhicules isolés. Il y a quelque temps, ils ont attaqué le convoi automobile, vers Gondar. Ils se postent dans un virage, et ils tirent. Mais ça fait deux mois qu'il n'y a rien à signaler. Tout cela est exagéré.

La bière est si chaude que le verre se trouble. Il me conseille de me dépêcher. Je ne rejoindrai pas la colonne avant l'amba Madre, d'ici une vingtaine de kilomètres.

— Ah, vous êtes armé ? dit-il ; fort bien. Le meilleur moyen pour faire fuir les *chiftas* est de leur tirer dessus. Si les chauffeurs étaient armés...

— Et pourquoi on ne leur donne pas des armes ?

— Ce n'est pas moi qui décide, répond-il.

Je lui demande si la vie est dure sur le Tekezzé. Ben, il y a pire. Il chasse les crocodiles à la grenade. S'il y a des hippopotames ? Oui, après le méandre de la rivière, là-bas. Mais, lui, il en a après les singes et les puces-chiques. « Satanées bestioles ! dit-il en se grattant le pied. Ici finit l'Érythrée, ajoute-t-il. Sur l'autre rive, on est en pays amhara. Rien à voir. Là-bas, c'est l'Éthiopie, la vraie. Un grand pays. » Il m'accompagne à la voiture. « Bonne chance », me dit-il. En me retournant, je le vois, au bout du pont, qui agite la main en signe d'adieu et se baisse de temps en temps pour se gratter le pied.

La voiture soulève dans l'air épais des volutes de poussière et de reflets cuivrés, pareilles aux copeaux que fait le rabot dans le bois tendre. La lumière est si compacte qu'on dirait parfois que la calandre pénètre dans un tas de sable ou dans un banc de vase chaude et fétide. La route en lacets grimpe vers l'amba Madre, entre buissons épineux, bois d'acacias et d'euphorbes, forêts de chaumes dépassant les deux mètres. Et comme un aviateur qui navigue dans un nuage, et ne sait plus s'il vole à mille ou dix mètres du sol, de travers ou la tête en bas, je me perds dans la nuée de poussière rouge, dans la toile d'araignée de reflets jaunes, dans les essaims d'insectes.

Tout à coup, à la sortie d'un tournant inattendu, la voiture se heurte au plus étrange et au plus merveilleux des paysages : les Alpes. Les Dolomites. Mais des Dolomites prises de folie. D'énormes masses de pierre sanglante oscillent à l'horizon. Si légères qu'un souffle de vent pourrait les faire s'envoler. Des cloches pierreuses comme d'immenses crinolines. Ces montagnes bougent, marchent. Elles agitent leurs très longs bras, tournent sur elles-mêmes. C'est le massif du Simien, disposé en étoile autour du Ras Dachan qui culmine à cinq mille mètres. Elles s'évanouissent, réapparaissent, se poursuivent. Elles bougent doucement, avec une lenteur inquiétante, comme d'immenses créatures aux yeux bandés. Elles se battent, se donnent la chasse. Je suis comme le voyageur qui, regardant les Dolomites lointaines depuis la plaine vénitienne, finit par s'apercevoir que ces montagnes se déplacent : le Civetta va à la rencontre du Nuvolao, sa pâle crête de poule bouscule la poitrine du Nuvolao ; elles s'embrassent, dansent dans un grand pré vert et rouge, sur la surface bleue du petit lac d'Alleghe ; les Tofane s'agenouillent pour cueillir un flocon blanc, un soupçon de neige tombée de la tête cuivrée de l'Antelao ; la Marmolada, étendue comme une danseuse fatiguée entre le Catinaccio et les monts d'Ombretta et de Valfredda, s'éveille soudain, se penche pour se contempler dans le miroir rond du lac de Fedaia, se coiffe lentement, et, au son d'une douce musique, esquisse un pas de danse en hochant la tête, dans la crinoline de dentelle et d'organdi de ses neiges et de ses glaciers ; et la Pala di San Martino, lointaine et vague dans les brumes de l'horizon, agite les bras, désespérée et jalouse, s'arrache les cheveux, se cogne la tête contre le ciel ; jusqu'à ce que le ciel s'écroule au ralenti sur les pics et les crêtes, sur les prés et les forêts de sapins, jusqu'à ce qu'un crépuscule rose descende sur les montagnes prises de folie, jusqu'à ce que je ferme les yeux dans un cri.

Quand je les rouvre, je vois une forêt de champignons géants, aux grosses têtes dodelinantes, tachetées de rouge et de vert, et un nuage qui ressemble à un frelon bourdonne au-dessus de ces Dolomites éthiopiennes, de ces Antelao, de ces Marmolada, de ces Tofane soudain transformées en une gigantesque étendue de champignons verts et rouges, immobile sous un vol de frelons d'or.

Aux frontières de la tradition blanche

Depuis quelques jours, j'éprouve une inquiétude étrange, comme le pressentiment d'un obscur danger. D'un danger qui serait en moi, à l'intérieur de ma conscience. Une présence dans l'air, qui me rend soupçonneux. Je suis peut-être sur le point de traverser les frontières des traditions, des conventions, des règles, des principes moraux de la civilisation blanche. Quel magnifique prétexte à évasions, cette Afrique impassible et claire ! Sans doute une vie intérieure complexe, une conscience morale, dirais-je, se cache derrière le front limpide de cette nature inexplorée. Dans ce pays étrange, si quelqu'un enquêtait sur le subconscient des pierres, des plantes, des animaux et sur leurs relations avec les hommes, il découvrirait peut-être que ce sont des relations d'ordre moral, non pas d'ordre physique.

Cette pensée m'est venue avant-hier pour la première fois, entre l'amba Madre et Addi Arkay. Le crépuscule m'avait surpris au cœur de la plaine des Serpents. La voiture avançait lentement sur la route pleine de nids-de-poule et, à chaque cahot, l'obturateur du fusil que je tenais serré entre mes jambes venait heurter mon genou, me tirant de la somnolence dans laquelle je me sentais peu à peu glisser. Des miliciens à demi nus surgissaient parfois des broussailles de ronces, le mousqueton en équilibre sur l'épaule à la façon des *ascari* : les yeux brillants, les cheveux ébouriffés, la barbe rêche, les bras et le torse luisants de sueur, ils arrêtaient la voiture d'un geste, passaient leur tête à l'intérieur, me regardaient, disaient « d'accord », et me faisaient signe de continuer. Le passage inusité d'un véhicule isolé dans cette zone de la plaine des Serpents, près de l'entrée de la vallée du Mai Buié (c'est de là que les *chiftas* essaient, par petits groupes, de remonter vers Sokota ou de descendre vers le bassin du Tekkezé), éveillait la curiosité des miliciens, des *ascari*, des *zabegnas* placés aux points dangereux pour protéger la route de Gondar. Au poste de contrôle de l'amba Madre, j'avais réussi à dépasser le convoi automobile malgré les protestations de l'officier qui dirigeait le blindé d'escorte. Et, à présent, j'entendais dans mon dos, dans l'ombre qui s'épaississait rapidement, le vrombissement lointain des soixante-quinze camions échelonnés sur un tronçon de dix kilomètres.

La plaine des Serpents s'éveillait à ce vrombissement : je voyais des bandes d'hommes armés se déplacer entre les troncs des acacias et des euphorbes, les canons des mousquetons briller dans le feu mat du crépuscule. Entre les pyramides formées par des termitières, un *boulouk ascari* se faisait cuire une *burgutta* sur les cendres d'un petit feu de brindilles. Depuis un fortin construit sur une *amba*, là où la plaine commence à s'étrécir, à devenir vallée, je voyais des hommes sortir en courant hors des murets de *tchica* et des haies en fil de fer barbelé, d'autres se pencher en agitant le bras en signe de salut. Quelqu'un criait avec l'accent des Abruzzes : « Leopardi, Leopardi, le café ! »

Tout à coup, très loin à l'orient, juste au pied des montagnes du Simien, une étoile brilla. Elle semblait sortir de terre. C'était une petite étoile rouge qui, grandissant peu à peu, devint énorme, flamba, solitaire et sauvage. Ce n'était plus une étoile, c'était une flamme, un feu aérien. Et comme un écho, une autre étoile, une autre flamme, lui répondit du fond de l'occident, et d'autres apparurent, flambant çà et là par la plaine, par les flancs escarpés de la vallée, jusqu'à devenir un seul, un immense incendie dévalant des monts du Simien et du Tsellemti vers le lit du Tekkezé. La nuit se teinta de sang et le vent nocturne glissa avec un long crépitement dans les broussailles et dans les bois en flamme. La voiture roulait entre deux hautes haies de feu, dans des nuées denses de fumée âcre. C'était l'incendie que, en cette saison, les bergers et les paysans allument dans les chaumes pour féconder les champs et les pâturages. Pendant des jours et des jours, parfois pendant des semaines entières, la marée de feu rugit de montagne en montagne, de vallée en vallée : mais seuls les chaumes brûlent, les arbres y échappent. Et un pays carbonisé réapparaît là où régnaient auparavant le jaune somptueux de l'herbe, le vert des feuilles, le pelage fauve des broussailles. Les eucalyptus, les euphorbes, les sycomores, les acacias émergent de la fumée, s'ébrouant pour se libérer de la cendre qui les recouvre. Et des troupeaux de gazelles bondissent du lit des rivières, où elles s'étaient cachées dans les forêts naines de papyrus, et s'enfuient vers les montagnes lointaines pour aller brouter l'herbe bleue qui pousse sur les sommets venteux.

Il faisait déjà nuit quand j'arrivai à Addi Arkay. Je me réfugiai dans une petite baraque en bois et, vers trois heures du matin, mû par je ne sais quelle impulsion, je m'éveillai et sortis. La nuit était froide : lisse et froide comme un objet en acier chromé. Mais il y avait des taches chaudes par endroits. J'avais parfois l'impression d'effleurer les flancs d'un gros animal. Puis, tout à coup, il me sembla que j'étais dans le ventre d'une énorme bête sauvage. À cet endroit, l'air était doux et humide. Je sentais de grosses veines palpiter autour de moi. C'était une nuit virile, aux tendons en tension, aux muscles prêts à la détente. Comme une bête sauvage aux aguets. Bleues et glaciales, les étoiles étincelaient sur les cimes : au nord, au-dessus de la vallée du Mai Buié, une lumière poudreuse scintillait étrangement dans le ciel, ici tout noir, là maculé de vert. La lueur froide et bleue des astres donnait une touche délicate, féminine, à cette nuit avide, chaude, anxieuse. Une brise légère se leva, l'incendie des chaumes mourait au fond de la gueule rosée de l'aube. Le rire plaintif des hyènes, l'aboiement des chacals s'enfonçaient peu à peu dans la brume matinale. Une étrange puanteur s'élevait alentour, une odeur grasse de feuilles pourries, de viande faisandée et de mousse. La puanteur qui, à l'aube, tombe du ciel désormais tout écailleux.

Le matin était clair et sonore. En longeant la vallée du Zarema, par les détours de l'Arbahan Arbate Ruba, ou vallée des quarante-quatre Rivières, entre des pentes couvertes de broussailles épaisses et d'autres, plus douces, toutes vertes de vignes sauvages (ici, autrefois, il y avait des couvents, des sanctuaires, des grottes et des cellules d'ermites et de marabouts : il y a quelques dizaines d'années encore, cette région était pleine de champs et de villages, et, vers la fin du XVIIIe siècle, le voyageur anglais Bruce en parle comme d'une région extraordinairement peuplée), je me sentais fatigué mais heureux, comme si j'avais réussi une épreuve, franchi un seuil interdit.

Ces pensées me revinrent plus tard, avec plus de force, alors que je me reposais à l'ombre des hauts thuyas, près de l'église de Kuddus Ghiorghis, qui surplombe le village de Debivar. J'étais assis entre les tombes du cimetière copte, sur l'un de ces tas de pierres qui protègent les morts de l'appétit des hyènes. La paix rouge de midi reposait autour de moi. Je voyais passer des miliciens, des ouvriers, des *ascari*, sur la route du village, juste au-dessous. Des terrassiers abruzzais, qui travaillaient derrière l'église, étaient venus s'étendre à l'ombre des genévriers. Ils dormaient les mains croisées derrière la nuque, mais leur sommeil était inquiet, hésitant. De temps en temps, ils ouvraient les yeux, regardaient autour d'eux. Quelque chose de vif, d'éveillé, semblait subsister au fond de leur conscience. Il s'agissait d'une méfiance instinctive, inconsciente. Quelques prêtres passaient sous les arbres, glissant le long des murs de pierres noircies, s'inclinaient en me regardant fixement. Des groupes de bergers et de paysans aux petites barbes tordues et brillantes, au grand front nu, enroulés dans leur fouta blanc, étaient assis çà et là, appuyés aux troncs noirs, dans des gestes que le sommeil paraissait avoir interrompus, arrêtés au cours d'un mouvement intime et très lent. Ils dormaient eux aussi, mais leur sommeil était empreint de paix, de confiance, d'extrême abandon.

Puis, vers le crépuscule, au fur et à mesure que je montais la route qui mène au Wolkafit (peut-être la route la plus belle et la plus audacieuse de toute l'Éthiopie, une des routes les plus admirables du monde : et combien de tombes d'ouvriers italiens, par les escarpements sauvages de la montagne !), mon inquiétude grandissait. À un moment donné, une sorte de sentier s'ouvre dans un bois et, sur la gauche, on parcourt la route qui monte vers le plateau de Debark. Je m'enfonçai dans le bois, guidé par un subtil parfum de jasmin et de rose, et par le son d'une cloche, grosse pierre accrochée entre deux arbres près des églises. Il devait y avoir un village tout près, caché dans la verdure. Le sentier s'éloignait doucement à travers un plateau ondulé, où des buissons de ronces et des haies d'arbustes clairs, argentés, faisaient comme des tentures. Le bois regorgeait de plantes extraordinaires, d'où pendaient des fleurs charnues aux pétales pareilles à des lèvres, aux feuilles grasses, adipeuses, qui se retournaient dans un mouvement brusque et agressif au moindre contact avec la main : quelques-unes de ces fleurs étaient en forme de poisson et frétillaient sur les branches, d'autres en forme de poulpe agitaient leurs tentacules, d'autres en forme de cœurs palpitaient comme si elles étaient gonflées de sang : d'autres avaient des gueules de chien et on aurait dit qu'elles étaient sur le point d'aboyer et qu'elles voulaient mordre ma main. Quand je m'approchais, les larges feuilles s'agitaient, se fendaient, s'ouvraient ; je voyais les arbres tourner sur eux-mêmes en me suivant du regard. Les euphorbes vibraient comme des cordes tendues et, quand je les touchais du canon de mon fusil, elles émettaient un son métallique, long et triste. Puis, une verte cuvette où des vaches, des ânes, des poulains blancs paissaient tranquillement s'ouvrit devant moi. Un bourdonnement de ruche s'élevait alentour. Je m'étendis sur l'herbe, juste sur le bord de cette terrasse à pic sur Debivar et la vallée du Zarema. Je me sentais à présent plus serein, comme si mon attente inconsciente devait soudain se concrétiser dans l'objet espéré. Mais ce que j'espérais, ce que je craignais, je l'ignorais : peut-être craignais-je que, d'un moment à l'autre, quelque chose de mystérieux dût pénétrer ma conscience. Un sortilège obscur.

Je m'avance sur le bord de la terrasse, et un immense dégradé de montagnes sous un ciel rosé, si délicat qu'il semble voué à se pulvériser, prend place en dessous de moi. Un paysage non pas dur mais doux et sensible comme dans la région du Canavais ou dans celle du Mugello, comme un paysage de

Watteau ou de Claude le Lorrain. Dans ce décor aérien, le rouge et le blanc dominent, et l'horizon est un mur de chair. Le jeu lointain des perspectives ressemble aux viscères d'un animal dépecé, suspendu dans une boucherie, où le blanc du suif, le bleu des tendons et des muscles, le rose de la viande forment une sorte de paysage délicat et abstrait. Sa sensualité même est délivrée, dirais-je, par une pensée profonde, par un sentiment secret que je ne parviens pas à saisir. Des éclairs de lumière bleue apparaissent parfois à l'horizon. Je soupçonne soudain ce pays de ne pas être idyllique, mais d'être propice aux entreprises de taille, où l'homme est amené à se mesurer à la conscience morale de ces pierres, de ces plantes, de ces animaux, à découvrir les rapports d'ordre moral entre sa conscience et celle de la nature. Un climat de conte plane sur ce jardin d'Armide. J'ai l'impression que, d'un instant à l'autre, quelque chose d'imprévu, de mystérieux doit se produire. Des voix étouffées rebondissent de feuille en feuille, et ce sont des voix humaines, animales, végétales. Non, ce sont des voix humaines. Et, tout à coup, je vois deux jeunes aux cheveux cuivrés, le visage illuminé par un duvet blond, surgir de l'épaisseur d'un buisson de petites roses sauvages. Ils portent un fusil de chasse sur leurs larges épaules. Ce sont deux Romagnols, ils vivent un peu plus haut. Ils viennent de Dabat ; ils sont descendus pour chasser. « Pourquoi ne venez-vous pas à Dabat ? », disent-ils. Et ils rient. Ils sont heureux comme des gosses. Ils me montrent, dans le creux de leur main, quelques petits oiseaux aux plumes vertes, très délicates.

– Il y en a aussi chez nous, en Romagne : mais ils ont le jabot plus clair.

– Ah, la Romagne ! répondis-je ; comme elle semble loin d'ici !

– Loin ? Elle est à une demi-heure de route. Voulez-vous venir avec nous ? D'ici une demi-heure, je vous jure que nous serons en Romagne, juste à côté de Forlì.

Dans la Romagne d'Éthiopie

Dès que j'atteins le talus de Debark, un rebord suspendu à trois mille mètres d'altitude au-dessus des abîmes du Tekezzé et de l'Angareb, l'éventail vert et jaune des hauts plateaux du Wagara se déploie devant mes yeux.

– Nous voilà en Romagne, dit l'un des deux jeunes hommes qui m'accompagnent.

Je regarde autour de moi, et la terre, les plantes, les collines me semblent familières. Que sont, là-bas, au fond, ces deux tiares géantes ? Seraient-ce des ruches pleines de miel et de cire ? Ah, ce sont des meules de paille ; elles ont cette forme trapue qui différencie les meules de paille romagnoles des toscanes. Le soleil, au couchant, y tape avec une douce violence et en tire des étincelles d'or. Sur la grand-route – appelons-la ainsi, comme on le fait en Italie – cette grande route qui mène à Gondar, bordée et protégée par des haies d'aubépines poussiéreuses (les haies autour de Forlì, de Cesena, de Bagnacavallo, de Ravenne), une charrette pleine de foin vient vers nous, une grande charrette en bois sombre, traînée par deux énormes chevaux à la croupe large, au poitrail noueux de muscles. Le charretier ne porte pas un casque colonial mais un chapeau de paille à larges bords et un grand mouchoir à carreaux blancs et rouges autour du cou.

— L'albana est arrivé ! crie le charretier à mes deux compagnons.

— Dame ! s'exclame l'un d'eux, et il saute de la voiture, se met à courir à perdre haleine vers un groupement de baraques qui apparaissent en bas, à droite de la route, de l'autre côté d'un torrent caillouteux.

L'albana est arrivé !

— Ça fait dix jours qu'on l'attend, dit mon autre compagnon ; et le voilà enfin ! Vous aimez l'albana ? Ah, c'est un grand vin ! Ici, à Dabat, nous avons de tout, vous savez. Lambrusco, sangiovese, et même quelques bouteilles de vin de Bosco, qui est le vin de Comacchio. Dommage qu'on n'ait pas d'anguilles.

— Dame ! m'exclamé-je moi aussi.

Nous nous jetons dans la descente, jusqu'à l'entrée d'une grande enceinte en fil de fer, entourée par un muret de pierres et de *tchica*. Étrange village, Dabat. Pas l'un de ces villages que nos pionniers construisent de coutume aux quatre coins de l'Éthiopie avec du matériel d'occasion, des bidons de pétrole pleins de terre, des colonnes de bidons d'essence, de tôle cannelée, comme des colonnes doriques, des petites tables en bois faites avec des caisses de chianti et de biscuits. Mais c'est un village romagnol, aux murs de pierres sèches, conçu selon un art fantaisiste et précis à la fois, avec ce peu de cas fait à l'espace, qui est un don des Romagnols et qui m'apparaît, à moi qui suis toscan, habitué à l'approche pleine de parcimonie jalouse que les paysans toscans ont de l'espace, comme un signe de leur instinct d'abondance, de leur nature généreuse. En Éthiopie, l'espace ne manque pas. Et l'on remarque aussitôt, autour des baraques, des maisons, des potagers de nos pionniers, qu'un espace immense vit, où l'Italien ne se perd pas, mais, dirais-je, se concrétise, s'affirme, et s'adapte à la nature du paysage, au temps, établit des perspectives précises, immuables, une architecture de terre et de cieux plus vaste que l'architecture italienne, mais tout aussi solide, sûre et sage. Bien que quelques maisons de ce Dabat romagnol soient elles aussi partiellement construites à l'aide de matériaux d'occasion, on devine une tradition ancienne et noble dans la pauvreté et la précarité de la matière, une fidélité émouvante à des modèles familiers, à une architecture dont la famille romagnole est le support. Dans les murs, la brique affleure par endroits : une note de couleur vive et cordiale, qui me surprend et m'émeut. Et je ne me suis pas encore remis de cette affectueuse surprise qu'un jeune homme maigre au profil énergique, à l'œil vif et lumineux, vient vers moi. C'est Demetrio Francesconi, de Rimini, qui dirige l'*Ente di colonizzazione* Romagne d'Éthiopie en l'absence de son président, Arnaldo Fuzzi, de Forlì, et du directeur général Guido Savini, de Rimini. Ce n'est pas la première fois que nous nous voyons. Mais oui, à Rimini, en 1926, ne te souviens-tu pas ?

– Bien sûr !

On se donne tous deux une grande bourrade sur l'épaule, je l'appelle vieux brigand, il répond que je suis un vaurien, et, alors que nous parlons, un peu émus, des paysans et des ouvriers sortent des baraques, apparaissent de derrière les murs, se serrent autour de nous. Je regarde leurs visages et je les reconnais immédiatement, l'un après l'autre, comme si je les avais déjà vus cent fois. Ce sont des visages romagnols. Certains ont l'œil rond et immobile, ouvert, en haut d'une joue pleine, couleur de cuivre. D'autres ont l'œil long et étroit, appuyé sur une pommette maigre. D'autres encore ont l'œil taillé droit, comme une fente dans leur front. C'est avec ces trois yeux que les Romagnols regardent et mesurent le monde et la vie. Ils ont des bouches épaisses, des lèvres musclées, entraînées au rire, aux mots violents. Ils ont tous des mâchoires fortes, faites pour mâcher des mots amples, virils et sonores. Ils doivent être une centaine autour de nous. J'en vois arriver d'autres par les champs, de retour du travail, la houe à l'épaule, d'autres s'affairer autour des porcheries, des étables, des poulaillers. D'autres mènent les chevaux à l'abreuvoir, d'autres, courbés sur le potager qui jouxte les poulaillers, prennent soin, de l'œil et de la main, des forêts de haricots et de petits pois, des parterres de fraises et de salade. D'autres encore, entrés jusqu'aux genoux dans l'eau verte du Dib Dibit, la petite rivière qui coule devant les chantiers, se savonnent la poitrine et le visage, en riant et criant par jeu, et leurs voix allègres rebondissent comme des balles en caoutchouc dans l'air tiède du crépuscule. Quelques-uns se mettent sur le seuil d'une grande cuisine, mains sur les hanches, et l'on entend un bruit de vaisselle à l'intérieur. Une fumée parfumée s'élève des feux allumés dans les grands âtres et, autour, tout respire la confiance, la santé, l'abondance. « Et maintenant, allez dîner », dit Francesconi à ses hommes. Et ils entrent tous dans les baraques où les cantines sont disposées, ils s'assoient sur les bancs autour d'une longue file de tables, devant des assiettes remplies de tagliatelles.

Belle et grande histoire que celle de l'*Ente* Romagne d'Éthiopie. « Et imagine qu'il n'y a qu'un an qu'on a commencé à travailler », dit Francesconi. Le décret qui instaure l'*Ente* date de décembre 1937. Les premiers colons romagnols provenant des provinces de Forlì et de Ravenne arrivèrent à Dabat en avril 1938. Ils étaient peu nombreux, et ils pensaient parfois à la terre qu'ils avaient laissée. La route de Wolkafit n'était pas encore finie : on montait à Debark à pied, par le chemin muletier que le déjac Asmalié, gouverneur du Simien, a fait tailler dans un à-pic de pierre au début du XVIIᵉ siècle, sous le règne du négus Iyasou. Un chemin vertigineux, que les voyageurs du XVIIᵉ et du XVIIIᵉ siècle décrivent pleins d'un émerveillement effrayé. Avant tout, il fallait choisir l'endroit où la Romagne d'Éthiopie allait surgir. De la bonne terre, il y en a partout dans l'Empire. Mais ce que cherchent les Romagnols, c'est une terre qui ressemble à la terre romagnole : grasse et noire, à piocher sans retenue, d'où extraire absolument tout. Et que le paysage ne diffère pas trop de celui qu'ils ont quitté depuis peu, là-bas, entre l'Adriatique et les Apennins. Que des montagnes vertes d'arbres se dressent à l'horizon, et qu'on les voie apparaître dans la plaine, bleues et légères, si légères et douces qu'en les touchant on y laisse une trace de doigt, qu'en s'y appuyant on y imprime l'empreinte du visage, comme sur un oreiller. Et que, partout, coulent des torrents et des rivières : point trop gonflés d'eau, ni trop maigres, mais semblables aux bonnes vieilles rivières et aux bons vieux torrents romagnols, aux rives profondes, toutes épaisses de buissons, de roseaux, de genêts ; et qu'il y ait toujours un filet d'eau, même quand il ne pleut pas, un peu d'eau entre les touffes d'herbe, et de beaux galets ronds et lisses. Et que le ciel ne soit pas dur et lourd, mais très haut et transparent, d'un bleu ténu, parsemé de quelques nuages gras, semblables au sein d'une femme plantureuse. Que le soleil soit chaud, joyeux, généreux, jaune et doux comme un melon, et qu'il ait assez de force pour faire sortir de terre des arbres, des vignes, du blé, des pommes de terre et des betteraves, en telle abondance qu'on puisse en faire des montagnes. Un pays qui soit le portrait de la Romagne, en somme.

Ils s'arrêtèrent dans le Wagara. Dame, quel beau pays ! Ils mirent un peu de terre dans leur bouche, la goûtèrent, la mastiquèrent. Bonne terre. Ils goûtèrent l'eau de chacune de ces rivières, de ces torrents, de ces ruisseaux. Ils goûtèrent même l'eau du Bahaltiet Wiha, qui veut dire Eau de la Veuve : et la plaine alentour était toute de terre noire, si grasse qu'on eût pu en faire des saucisses. Bonne eau. Mais l'eau la meilleure est celle du Dib Dibit et celle de l'Alem Wage. C'est entre ces deux torrents cailllouteux qu'ils plantèrent leurs tentes. Puis ils testèrent la roche. Ils prirent leurs trépans, et la roche sonnait sans se fendre. Bonne roche. Il fallait à présent trouver de l'argile. L'argile est un grand problème, en Éthiopie. De l'argile qui a bonne allure, on en trouve un peu partout : dans le Choa, dans le Jima, dans le Gojam. Mais elle ne vaut rien. Il en vient des briques et des tuiles qui s'effritent, se brisent au premier soleil, ne résistent pas à la cuisson, s'émiettent comme du pain sec. Et pourtant, le prêtre de l'église de Kuddus Ghiorghis assurait que, de nombreuses années auparavant, quelques Italiens avaient construit un four à briques sur les berges de l'Alem Wage. Les Romagnols s'y rendirent, essayèrent, essayèrent encore et, finalement, le problème des briques fut résolu. Entre-temps, début juin, d'autres colons arrivèrent, apportant avec eux charrues, tracteurs, semences : ils se mirent tous à l'œuvre, mais les pluies interrompirent les travaux des champs, et ils ne commencèrent à labourer, à dresser des murs, à construire des fours, des chantiers, des maisons, des fermes, des routes qu'à la fin de septembre dernier.

Il y avait de nombreux artisans parmi les colons : des forgerons, des maçons, des menuisiers, des tailleurs de pierre, des mineurs. Et quelques techniciens, tous jeunes, tous pleins de courage et de bonne volonté : Scevola Palmieri, de Cesena ; Geo Rossi, de Rimini ; Giacomo Fiumana, de Forlì, diplômés en agronomie ; Sergio Montanari, de Forlì, géomètre ; Orazio Portolani, de San Piero (que tout le monde appelle Ligg Johannes), diplômé en sciences économiques et commerciales et le centurion Giovanni Ravaglioli, de Forlì, qui dirige la centurie de paysans. Il s'agissait de dessiner les planimétries, d'étudier le cours des rivières, le régime des eaux, la composition chimique des terrains, de relever l'évolution saisonnière des cultures, de sélectionner les semences, de recueillir toutes les données nécessaires aux cultures, aux greffes, à l'élevage du bétail, aux croisements. Depuis un an, le territoire autour de Dabat n'est que vacarme de marteaux, de scies, d'explosions de mines : les tours ronflent, les machines agricoles sifflent, les tracteurs vrombissent. Il s'agissait avant tout de libérer les terrains des pierres et des souches d'arbre pour le défricher. De construire des étables, des porcheries, des poulaillers, des fours. De creuser des puits d'eau potable et utilisable pour l'irrigation. De mettre en place des chantiers, des manufactures et des menuiseries, des magasins de céréales, de vivres et de matériaux. Il s'agissait, en somme, non pas seulement de fonder un village, de cultiver un vaste territoire, mais de reconstruire, en plein pays amhara, sur les hauts plateaux éthiopiens, à deux mille sept cents mètres au-dessus de la mer, rien de moins qu'un morceau de Romagne !

Tout doucement, le paysage aussi s'est transformé. Il y avait, autour de Dabat, quelques coteaux nus, au contour étrange, tranchant comme un morceau de verre brisé. Sur la crête de ces coteaux, les paysans romagnols ont planté des genêts, des acacias dits *mollissima*, qui, au Soudan, servent aussi de paravent et dont les feuilles sont utilisées comme engrais. De loin, les genêts ressemblent à d'immenses cyprès. Le bataillon de Chemises noires du sénateur Armellini a construit sur les pentes et à l'entrée des vallées des fortins, des redoutes, de petites casernes qui ont la même allure que les maisons paysannes dans les Apennins romagnols, et ainsi, peu à peu, le paysage de cette zone du Wagara a pris un aspect familier. Les meules de paille éparses dans les champs ont fait des miracles. La valeur évocatrice et décorative de ces meules, si jaunes dans la lumière incertaine du début de soirée, est énorme. « Il est déjà tard, dit Francesconi, ces jeunes ont faim », et il me guide vers la cantine où un repas romagnol nous attend (tagliatelles, poulet en sauce avec petits pois, fromage de brebis, fraises du jardin, et un véritable albana, pur et généreux ; à la place du pain, une fougasse de blé qui, de prime abord, me fait penser à la *burgutta* des *ascari*. « De la *burgutta* ! protestent-ils tous, ça, c'est la fouace de nos paysans, la célèbre *piè* romagnole ! »

Après le dîner, nous sortons faire un tour dans le village. À chaque angle de l'enceinte en fil de fer barbelé, une tour de pierre se dresse, crevassée de meurtrières d'où sortent les canons des mitrailleuses.

Une équipe de paysans veille à tour de rôle sur le sommeil de ses compagnons. Des couples de sentinelles, enveloppés dans leur houppelande romagnole, le fusil à l'épaule, nous crient « Qui va là ? ». La nuit, des bandes de *chiftas* montent des vallées voisines pour piller le bétail des indigènes. « Nous, ils nous laissent tranquilles, dit Francesconi, mais mieux vaut ne dormir que d'un œil. » Dans la campagne déserte, illuminée par la lune, on entend les aboiements lointains des chacals, les voix plaintives des hyènes. « Sales bestioles ! » s'exclame Francesconi. Allez savoir s'il n'envisage pas de faire venir aussi à Dabat quelques couples de chiens romagnols, de ces chiens de bergers et de charretiers qui, durant les nuits paisibles, hurlent joyeusement à la lune, dans les campagnes aux alentours de Forlì et de Ravenne.

Le matin de bonne heure, Francesconi me fait visiter sa Romagne. Voilà les poulaillers, construits selon des critères modernes : les premières expériences tentées avec les races de Livourne, de Romagne et de Padoue ont donné d'excellents résultats. Déjà, on essaie des croisements avec des races indigènes, plus petites et plus faibles, afin d'en obtenir des spécimens plus rustiques et plus robustes. L'enclos des oies est à côté ; sous le soleil à pic, au milieu de nombreuses autres variétés, quatre magnifiques oies de race germanique, don de Rachele Mussolini, se promènent. Des groupes de chevaux paissent le long des rives du Dib Dibit, et ce sont des chevaux blancs, au dos arqué, aux pattes faibles.

Il faudra les sélectionner, par un travail long et patient, pour donner des chevaux de trait aux paysans de la Romagne d'Éthiopie. Il est encore tôt pour essayer de telles choses : il manque surtout le fourrage, qui est abondant ici, mais doté de maigres propriétés nutritives. « Quand nous aurons réglé l'irrigation des pâturages... » observe Francesconi. Mais je le vois tourner la tête vers un vieil enclos où quelques dindons hautains se pavanent en gonflant leur caroncule. Les dindons et les porcs font l'orgueil de Francesconi. Viens voir, dit-il, et il me guide vers les porcheries. Et après les cochons, c'est au tour des bovins. Les grands zébus du Wagara, à la bosse énorme, ruminent à l'ombre des meules de paille : le travail de sélection a donné d'excellents résultats jusqu'à présent. Mais il s'agit d'améliorer les pâturages, la gestion des animaux, les abreuvoirs, la fenaison à la saison sèche, les abris pour la saison des pluies. Quand les conditions de vie et de reproduction des zébus se seront améliorées, alors les croisements avec les races suisses entreront en jeu. « Nous aurons des vaches à lait, des bœufs de labour, des veaux de bonne viande, dit Scevola Palmieri, l'expert en agronomie de Cesena, qui nous a rejoint entretemps ; et pas que du lait, de la viande, des œufs, du saucisson et du jambon, mais nous aurons aussi de la laine ! » Et il me confie que, d'ici peu, on fera venir d'Italie quelques moutons mérinos et quelques brebis de la race Gentile des Pouilles, pour commencer l'élevage à grande échelle dans une zone, déjà choisie dans ce but, du Simien tout proche, à trois mille mètres d'altitude.

Nous nous dirigeons ensuite, à travers les potagers, vers les premières maisons coloniales, dont la construction est presque terminée. Nous marchons au milieu de triomphes d'artichauts, de cardons, de courges, d'oignons, de navets, de pommes de terre. Je respire une odeur forte et grasse de terre humide, de feuilles charnues. De grands champs de fraises teignent de rose le vert des plantes et le brun du terrain. En affleurant du sol, les betteraves à sucre et les betteraves fourragères rougeoient çà et là. Je reconnais la grande betterave mammouth, rouge, si familière en Romagne, je veux dire dans l'autre Romagne, celle d'Italie. Le blé ondule dans la brise matinale qui souffle de la vallée de l'Angareb. Palmieri m'explique que l'expérience les a orientés vers la culture des blés indigènes, déjà naturellement sélectionnés, de germination beaucoup plus élevée que les blés nationaux.

— Le blé indigène, le *sindié*, dit-il, est à la fois dur et semi-dur, et c'est pour ça qu'il convient aussi pour les pâtes alimentaires.

Puis il me vante les propriétés de l'orge locale, le *guebs*, et de ses variétés blanches et noires. Il me parle de ses tentatives avec le *tef*, le pois chiche, le *kimbra*, avec le lin, dit *telva*, avec la doura, avec le *berbéré*, avec le sorgho sucré pour l'extraction de l'alcool.

— Nous avons travaillé, ajoute-t-il ; nous n'avons eu peur de rien, nous ne nous sommes laissés abattre par aucune difficulté. Nous avons à présent déjà cinq cents hectares prêts pour les semailles. L'année prochaine, nous en aurons mille. Aujourd'hui, je vais vous montrer nos pépinières. Nous avons commencé à planter des acacias, des eucalyptus, des thuyas, des genêts, des cyprès, du pseudo-poivre. Et peut-être... – ici, sa voix prend un timbre étrange, un accent de délicatesse affectueuse – peut-être, reprend-il, réussirons-nous à faire pousser de la vigne aussi ? Il y a trente ans encore, dans la région autour de Gondar, et même dans le Wagara, les vignobles abondaient dans les replis du terrain où le soleil est plus chaud. Peut-être réussirons-nous à avoir *notre* albana, *notre* sangiovese ?

En bavardant de la sorte, nous sommes arrivés aux chantiers. Quatre blocs de bâtiments coloniaux (composé chacun de quatre maisons de quatre pièces, d'une immense cour commune, et des étables, des porcheries, des poulaillers, des postes de garde dotés de mitrailleuses, au cas où) sont déjà finis. La construction est solide, en pierre et en brique, la couverture voûtée de briques.

– D'ici peu, nous pourrons faire venir nos familles, dit Francesconi.

Autour, les terres s'étendent à perte de vue. Le soleil joue dans les longs sillons, bruns, droits, comme dans les rayons d'une grande roue. Là-bas, sur l'autre rive de l'Alem Wage, des groupes d'ouvriers se déplacent rapidement entre les machineries des installations destinées à broyer la pierraille, vont et viennent en file indienne entre les carrières d'argile et les fours, au milieu des briques, des tuiles, des panneaux alignés le long de la berge. Un joyeux vacarme s'étend dans la campagne jaune de soleil. Francesconi regarde autour de lui et un sourire heureux éclaire son visage. Le matin est clair, le vert des pâturages resplendit, lisse et net. Au fond, là où les champs s'incurvent, montent doucement jusqu'au sommet d'une colline épaissie par les eucalyptus et les genêts, les mototracteurs se profilent sur le ciel azur. On entend des hennissements, des meuglements. Quelqu'un chante, là, derrière le four, près de la rivière. Une paix laborieuse s'épand sur cette terre heureuse. Nous avons encore beaucoup à voir, il va falloir marcher toute la matinée. Allons-y, dit Francesconi. Il se retourne, me regarde en souriant, et il embrasse du geste les champs, les chantiers, les maisons de cette Romagne nouvelle, de cette Romagne d'Éthiopie. Les courbes molles et vertes des coteaux s'élèvent à l'horizon et vont déclinant vers la cuvette de Gondar : et on dirait les coteaux de l'Apennin toscano-romagnol vus de Cesena, Forlì, Rimini.

Tout à coup, Francesconi s'arrête. Regarde, dit-il à voix basse. À deux pas de nous, un petit oiseau au jabot blanc et à la tête toute noire sautille sur une pierre. « En Romagne, on les appelle les danseuses, ajoute-t-il dans un souffle, remuant à peine les lèvres pour que le son de sa voix n'effraie pas le petit oiseau ; mais chez nous, elles sont plus belles », dit-il, et il semble ému.

La nuit de Bahar Dar

Demain, à l'aube, nous partons. Du lac Tana à Addis Abeba, à travers le Gojam, à dos de mulet pendant six cent cinquante kilomètres, avec les *ascari* du 9e bataillon érythréen. Depuis hier, le camp de Bahar Dar est en effervescence. Deux nouveaux bataillons érythréens sont arrivés de Dangila, de Mota, de cet extraordinaire village vert et jaune que les Amhara appellent *Feres Bet*, ou Maison des Chevaux : peuplé d'innombrables troupeaux de chevaux blancs, à la longue crinière, à l'œil énorme et pathétique, qui suivent le vent en emboîtant le pas aux odeurs, aux sons, aux couleurs, au parcours même de la lumière, et ils galopent de l'aube au crépuscule, de l'orient à l'occident, comme s'ils poursuivaient le jour et qu'eux aussi se levaient et se couchaient. (Puis, pendant la nuit, ils galopent à la rencontre de l'aube.)

Le général Cavallero, venu par avion d'Addis Abeba pour rencontrer à Bahar Dar le général Frusci, gouverneur de l'Amhara, me montre sur la carte l'itinéraire que je vais parcourir avec la colonne du

9e bataillon. Du lac Tana, le long de la rive droite du Nil Bleu, jusqu'aux environs de Debré May ; puis, après avoir quitté la vallée du Nil, par Mota, par les monts Choké qui s'élèvent à quatre mille mètres, à Debré Markos, à Konzien Mariam, à Fiché, jusqu'à Addis Abeba. Cet itinéraire est, pour ainsi dire, « interdit », et c'est grâce à ma vieille amitié avec le général Cavallero qu'il m'est consenti de l'emprunter avec les *ascari* du 9e bataillon. « Tu verras, dit Cavallero, le Gojam est une région merveilleuse. » Je retrouve dans sa voix le même accent affectueux avec lequel tous, officiers des Chemises noires, des *bande*[1], des bataillons érythréens, ouvriers, vendeurs, chauffeurs, me parlaient de cette région située le long du parcours qui va de Gondar à Bahar Dar. Tous amoureux du Gojam : surtout les miliciens, les officiers, les ouvriers des Pouilles, lesquels s'impliquent personnellement dans leur fidélité amoureuse au Gojam (certains sont arrivés ici avec la colonne Starace, et y sont restés), comme s'il s'agissait d'une de leurs terres, sur lesquelles ils auraient un droit historique et naturel en termes de priorité et de sympathie. « Le jour où Starace arriva à Debré Markos... », me raconte un officier des Chemises noires qui vient de Gioia del Colle, dans les Pouilles, et qui accompagne le consul Puccinelli à Dangila, pour inspecter les colonnes de travailleurs. Le peuple amhara parle de la colonne Starace comme d'une entreprise mythique qui

---

1. Troupes coloniales recrutées parmi les indigènes (NdT).

signale la naissance de temps nouveaux, marque un tournant fondamental de l'époque. Mais plus que la parfaite conquête de Gondar, ce qui reste le plus présent dans l'imagination des Amhara du Gojam, c'est l'apparition inattendue d'Achille Starace à Debré Markos. Starace n'était accompagné que de quelques officiers de sa suite. Ce fut une entreprise téméraire. C'était se jeter dans la gueule des bêtes sauvages. Les forces de ras Imru étaient encore intactes, éparpillées dans la région située entre le lac Tana et le Choa. Ce fut un miracle si ce qui devait arriver plus tard à Lekempti n'arriva pas ce jour-là à Debré Markos. La poésie populaire s'empara de cette geste légendaire : il y a un *walalié* du Gojam (le *walalié* est un refrain amhara qui ressemble à notre refrain romain, avec lequel le peuple éthiopien chante et commente les faits essentiels de son histoire) dédié à Starace. Le voici :

> *Walalié walalié*
> *Walalié walalié*
> *mattau Staracié*
> (Tout va bien tout va bien
> tout va bien tout va bien
> Starace est arrivé)

— Pour moi, c'est une joie toujours renouvelée, dit Cavallero, quand je reviens dans le Gojam pour les devoirs qui incombent à ma charge. Les journaux français, anglais, américains affirment que le Gojam est impraticable, qu'il est aux mains des rebelles. Des idioties ! Tu verras par toi-même que dans le Gojam on va où l'on veut, quand on veut et comme on veut ; et ce ne sont certainement pas les coups de fusil de quelques bandes de *chiftas* qui peuvent stopper le trafic de nos colonnes de ravitaillement. Regarde ici.

Et il me montre sur la carte un réseau de lignes rouges, c'est-à-dire de pistes : une qui va de Bahar Dar à Debré Markos à travers les monts Choké ; et une autre, qui relie Debré Markos à Addis Abeba. (Et cette dernière n'est pas une piste comme les autres mais une magnifique route carrossable goudronnée.)

— Et puis, dit Cavallero, il y a la route qui mène de Dessié à Debré Tabor : c'est peut-être la plus audacieuse de toute l'Éthiopie, la sœur de celle du Wolkafit. Ce fut une entreprise énorme que de tailler une route pareille dans la roche vive en surplomb sur deux, trois mille mètres. Elle nous a coûté d'immenses sacrifices. De nombreux braves types sont morts, des ouvriers et des sapeurs. (Et ici, la voix de Cavallero s'assombrit, un frisson d'émotion passe dans ses mots.) Mais cette seule route suffirait à faire la gloire d'un peuple et d'un Empire. Les routes ; voilà le problème. Elles signifient sécurité, régularité des ravitaillements et des contrôles, liberté de mouvement, aménagement et progrès civil. Tout le système des fortins est étudié et établi en harmonie avec les pistes. J'ai boulonné des fortins et des bases sur tout le territoire des Amhara, jusqu'à la région de Debré Tabor. Aujourd'hui, le Gojam est en notre pouvoir. Les *chiftas*? Les rebelles? Fantaisies de journaux habitués à parler des gangsters de chez eux. Des bandes de vauriens qui pillent le bétail ici et là, attaquent n'importe quel convoi, et parfois des véhicules isolés. Mais il suffit de quelques coups de fusil pour les disperser.

Nous sommes sur la terrasse qui donne sur le lac. Les serveurs apportent à table de grands plateaux remplis de poissons que nous avons pêchés nous-mêmes, l'après-midi, entre les îles qui barrent l'accès au Nil bleu. De gros poissons rebondis, mais pleins d'arêtes, hérissés, à l'intérieur, de pointes acérées.

Des voix jeunes, des tintements de verres, des rires, des chants proviennent de la baraque à côté, où le commandant Provisionato a installé le mess des officiers du bataillon de Chemises noires dont la garnison se trouve à Bahar Dar. «Allons voir nos braves», dit Cavarello après le dîner.

Nous entrons dans la baraque. Ce sont tous des officiers siennois, et c'est de Sienne que viennent aussi les miliciens du bataillon. Des hommes grands, maigres, brûlés par le soleil, aux yeux gris clair, couleur de la pierre des palais et des maisons de Sienne. Nous parlons des Selvaggi, de Guerritore Tramontaro, de Bove, de Maccari. «Tu te rappelles?... Tu te souviens?...» Dans la nuit paisible le lac brille comme les oliveraies de la campagne siennoise. Tout à coup, un rugissement sourd résonne derrière nous. *Raow! raow!* C'est la voix du lion dans la fantasia de l'*anbessa*, que les officiers donnent en honneur de Cavarello et de Frusci. L'*anbessa*, le lion, est un officier aux cheveux roux, petit et trapu. Il tourne sur lui-même en tapant des pieds et en rugissant *Raow ! raow ! raow !*, et autour, les autres répètent le cri en tapant des mains et des pieds en cadence. De temps en temps, ils rejetent leur tête en arrière en faisant retentir le terrible *aaaho !* qui accompagne la chasse et le combat, jusqu'à ce que la fantasia finisse avec le très beau chant de guerre des Amhara :

> *Oh Amhara !*
> *Amhara aho !*

– C'est magnifique, dit Frusci ; je suis sûr qu'un jour ces chants viendront se joindre aux vieilles chansons de nos soldats, celles de 1848, celles de la Grande Guerre. C'est une nouvelle tradition qui est en train de se former en Éthiopie, en Libye, en Espagne : une tradition militaire, nouvelle et glorieuse, avec ses chants, ses emblèmes, son jargon, ses poètes.

Les officiers sont heureux, ils rient comme des enfants, forment un cercle autour des deux généraux.

Nous nous donnons rendez-vous dans trois ans, sur la piazza del Campo, à Sienne, le jour du *Palio*, pour la fantasia de l'*anbessa*. Nous y serons tous.

– Nous y serons nous aussi, bien sûr, dit Cavallero à Frusci.

Nous nous dirigeons vers nos tentes. La nuit est chaude, des essaims de moucherons volent çà et là, tels des nuages affolés. Une lueur d'incendie monte du camp. Demain, nous partons. Le lac tape avec un léger bruit contre les rives de pierre noire. Je ne réussis pas à m'endormir. Je me lève, mets en bandoulière la carabine que le général Cavarello m'a prêtée, une grosse carabine de chasse, à dix coups, à répétition, et je me dirige vers la sortie du camp, sur la route qui mène à Dangila. Alignées le long de la route, les échoppes des marchands indiens et yéménites, illuminées par de violentes lampes à gaz de pétrole. Les visages gras et jaunes se fondent dans le gouffre de lumière blanche. Partout, des *ascari* qui boivent du *tej* et de la *tella* ; des groupes de *charmoutas* dans leurs tuniques en soie verte, rouge, bleue. Çà et là dans le camp, des *ascari* accroupis devant les feux font cuire des boules de *burgutta* dans la cendre, d'autres remuent la sauce du *zigni* dans de vieilles boîtes en fer-blanc, d'autres vident des bœufs et des chevreaux. Un roulement de tambour brise parfois l'air brumeux, dense de fumée, de moustiques, de vapeurs vermeilles.

Je m'éloigne du camp, m'avance vers le Nil. La lune se lève lentement dans le ciel ridé, faisant s'élever des voix inquiètes dans la broussaille pourpre, provoquant des fuites précipitées, un prudent bruissement de feuilles, des craquements de branches cassées. Des nuées de tout petits oiseaux, guère plus grands que des cigales, volent d'un buisson à l'autre, m'effleurant le visage. La clarté de la lune les illumine de biais, tirant de brèves lueurs de leurs plumes argentées. Soudain, j'entends le fleuve couler. Ramper dans l'herbe comme un serpent. Siffler entre ses dents, claquer sa langue contre son palais, fouetter les roseaux de sa longue queue. Comme l'Adda, le Nil aussi a une bonne voix. J'entends le grommellement rauque de l'hippopotame caché dans l'impénétrable forêt de papyrus ; le pataugement prudent du crocodile dans la vase chaude ; le pas agile des gazelles sur les branches et sur les feuilles sèches. Puis, lentement, un étrange silence s'abat sur la forêt et sur le fleuve.

Et, peu à peu, voilà que le silence commence à s'animer : c'est désormais une chose vivante, comme un bout de viande jeté là, comme une bête, un mulet, une gazelle, un cheval mourant, abandonné à côté de moi. J'entends le silence se mouvoir, haleter, souffler, gémir. Ses grosses veines palpiter. Même la lune ressemble à un être vivant, à quelque chose de vivant : toute spongieuse, jaune et verte, tel un fruit pourri, une énorme méduse. Une chaleur suffocante s'élève des rives boueuses. Mon pied s'enfonce dans la vase grasse. La forêt de papyrus ondule sous le vent. Fatigué et lourd, le vent, comme une couverture de laine. Les euphorbes, dures, immobiles, rigides contre le ciel clair, deviennent peu à peu brûlantes, incandescentes. Une étrange lumière naît, alentour, du lit de feuilles pourries, des gouffres de vase, de la mousse qui couvre la terre.

Les troncs des arbres sont phosphorescents, mais leur chevelure est sombre. Les traînées des serpents luisent dans l'ombre, comme des traînées de gigantesques limaces. Le roulement fier et impétueux des tambours de guerre, le son triste et lent des tam-tams des Amhara me parvient du camp. Le roulement s'éloigne, s'éteint : puis il s'approche soudainement, éclate à mon oreille, mille lueurs fumeuses de flambeaux courent dans le camp, dans le tumulte de la « fantasia ». Les voix des *ascari* me parviennent distinctement. Ils chantent l'*Achanféré*, leur chant de guerre :

> *Achanféré*
> *imbellé imbellé*
> *achanféré*
> *Ouga !*

Les voix s'éloignent, meurent dans l'ombre bleu et rouge. Les feux des bivouacs s'éteignent un à un. Un murmure long et ténu s'élève de la broussaille. C'est une note égale, interminable, un fil tendu. Je dirais qu'elle est semblable au murmure d'un muet : un son confus, qui ne réussit pas à devenir voix. Ou semblable à ces voix que nous avons parfois dans les rêves, où les mots affleurent en fragments, non pas d'une pensée logique, mais d'une pensée inconsciente. Le monde subconscient de la nature. C'est étrange, cette idée me préoccupe et m'accompagne depuis que j'ai traversé le Tekkezé. Que la vie, en Afrique, se déroule dans le subconscient de la nature, que ses manifestations sont toutes issues du monde subconscient de la nature. La valeur particulière qu'ont, pour cela, les phénomènes naturels les plus simples en Afrique. Les plantes, les animaux, comme des personnages d'un monde secret. Les serpents enroulent leurs anneaux autour des troncs de baobab et d'acacia, et l'arbre bouge, se débat avec une grâce féminine : l'étreinte est pleine de sensualité. Les gazelles marchent d'un pas agile et incertain, les yeux clos, balançant leur petite tête gracieuse. L'hippopotame couché dans la fange de la forêt de papyrus rêve de choses monstrueuses, d'herbes gigantesques, de courants chauds, de bois pourris. Des singes aux grandes redingotes fauves bavardent entre eux à voix haute et gesticulent en marchant. Un de ces singes m'a sûrement vu car il s'arrête, appelle ses compagnons, et tous regardent dans ma direction, s'agitent sous la lune avec des attitudes humaines. Le premier s'approche de moi, ramasse un caillou, fait le geste de le jeter vers moi. Mais il réfléchit, se retourne et le lance dans le fleuve ; et tous, au bruit que fait le caillou dans l'eau, s'enfuient en ricanant. Le fleuve se démène comme un serpent frappé à la tête par une pierre. Le long de la rive, la forêt de papyrus s'agite de façon menaçante. Un oiseau crie. C'est l'oiseau que les nègres appellent « l'espion ». À ce cri, la broussaille sursaute, s'emplit de chants, de voix, de rires, de pleurs, de cris de rage. Alentour, tout n'est que galop d'animaux en fuite, venue de bêtes en armes. J'appuie mon dos contre un tronc d'euphorbe, serrant la carabine dans ma main. Chaque fois que la lune casse le voile de brume, des bris d'ombre chutent à mes pieds, autour de moi, comme des morceaux de plâtre tombés d'un mur en ruine.

Tout à coup, un léger clapotis effleure mon oreille. Dans le sillage blond de la lune, une *tankwa* apparaît, une de ces embarcations en feuilles de papyrus, qu'emploient les indigènes du lac Tana. C'est un nègre de la tribu des Weyto, chasseurs d'hippopotames. L'homme rame avec sa canne de bambou sans pale et, en passant près de la rive, il tourne son visage vers moi, montre de la main le méandre du Nil, pousse un cri guttural très doux, et disparaît dans l'ombre. Son geste noir s'imprime pendant un instant dans l'air vert et rosé.

C'est désormais l'aube, une clarté de lait se diffuse dans le ciel oriental. La vase bouillonne sous la lune avec des clappements gras et doux. Au fur et à mesure que je m'éloigne de la rive, le murmure du courant se fait plus fort, plus proche, me suit, me rejoint. Je hâte le pas. Le fleuve coule autour de moi dans les feuilles, dans les troncs d'acacia, dans les tuyaux de cuivre des euphorbes, dans les mottes rouges de la terre poussiéreuse, dans les châteaux des termites, et le bruit même de mon pas grandit, devient course d'animal en fuite. Soudain, un je-ne-sais-quoi de tiède, de gluant, de jaune, frappe mon visage, tache mes mains, teint de safran l'épaisse broussaille. C'est le lever du soleil. Un oiseau appelle. Un autre lui répond. Un chœur de voix stridentes s'élève alentour. On entend quelques coups de fusil lointains. Une trompette retentit en haut du fortin, là-bas, vers le pont en construction. Des groupes de miliciens descendent lentement vers le fleuve par le sentier, torse nu, une serviette sur l'épaule. Un roulement de tambours arrive du camp. Nous partons d'ici peu.

Le train noir

À peine la colonne du 9ᵉ bataillon érythréen se met-elle en marche sur la route qui mène à Debré May qu'une clameur immense se lève du camp de Bahar Dar. Les *ascari* des autres bataillons, qui sont de garnison au camp, se pressent sur les bords de la route, agitent leurs longs bras maigres, crient d'une voix gutturale des noms, des saluts, des « bonne chance », des formules pour conjurer le mauvais sort. Des groupes de *charmoutas* courent derrière la colonne, pleurnichent, faisant traîner leurs belles robes de soie dans la poussière. Des enfants à moitié nus surgissent de toutes parts, se poursuivent entre les jambes des *ascari* et les pattes des mulets. Les cris, les braiments, les hennissements, les longs hennissements des chevaux des *negadras*, les cris rauques des gradés, caracolant sur leurs petits mulets maigres et capricieux, tombent sur nos têtes comme une épaisse pluie de cailloux. Jusqu'à ce que la piste s'enfonce dans la broussaille, le long du Nil, dans un nuage de poussière rouge.

Le capitaine Renzulli, commandant du 9e, chevauche en tête de la colonne, à côté du fanion blanc strié de rouge, sur son grand mulet aux pattes rigides et courtes comme des colonnes ; sa grosse tête, rude et rougeâtre, semble grossièrement sculptée dans un tronc de palmier. Un beau morceau de soldat, Renzulli. Il vient des Pouilles : petit, trapu, le nez aquilin, les yeux tachés de rouge, le front dur, un sourire ouvert, juvénile et un peu timide sur son visage brûlé par le soleil africain, un visage enflammé, énergique, plein de volonté obstinée. « Capitaine Renzulli être tréfort », disent les *ascari*, pour dire que c'est un bon chef. Il porte noué autour du cou le foulard rouge du 9e bataillon, le bataillon « garibaldien ». Les *ascari* aussi portent un foulard rouge autour du cou, et ces flammes vermeilles flottantes donnent à la noire colonne une touche festive et fanfaronne à la fois, qui apporte une note violente à ce paysage de chaumes jaunes et de halliers pourpres. À cet endroit, la vallée du Nil est très large, elle se confond encore avec le bassin du lac Tana. C'est au départ un grand tronçon de plaine, qui se resserre peu à peu, devient vallée. Une broussaille naine la couvre sur un vaste rayon, parfois interrompue par des étendues de chaumes désolées, noircies çà et là par la cendre des incendies. Nous marchons vers le sud. Et à notre gauche, vers l'orient (le soleil se lève en tournoyant à l'horizon, dans un remous de vapeurs sulfureuses), ce qui n'était auparavant que de vagues ombres de collines se soulève progressivement dans l'air crépitant de chaleur, prend des formes pleines et rondes, couvertes d'acacias, d'euphorbes, de baobabs, de gigantesques ronces couleur de rouille. La terre aussi a une couleur de rouille : plus rouge, presque sanguine dans ses plis, ses fractures, ses talus, et dans les grands trous que les phacochères, ces sangliers éthiopiens tristes et féroces, creusent pour se protéger de l'ardeur de la canicule. Des bandes de singes fauves nous suivent pendant un long moment, ricanant et faisant de grands gestes de leurs longs bras velus. Puis, peu à peu, les braiments et les hennissements s'atténuent, les voix des *ascari* se font plus faibles, et la colonne s'immerge dans le silence profond et mystérieux de la broussaille tropicale.

Nous marchons depuis deux heures et nous n'avons rencontré ni berger, ni vache. Les *ascari* regardent autour d'eux en humant l'air et en dressant l'oreille. *Chifta, chifta* répètent-ils, sautillant joyeusement sur la pointe des pieds et faisant passer leur fusil d'une épaule à l'autre.

— Mais c'est un pays désert, dis-je au capitaine Renzulli.

— Disons plutôt abandonné, répond-il.

Ce sont les *chiftas* qui contraignent les populations à fuir, à se réfugier avec leur bétail sous la protection de nos fortins et de nos camps. Ces déplacements de population créent de nouveaux villages. Avant notre occupation, Bahar Dar était un misérable fouillis de cabanes de boue sur la rive du lac Tana, un pauvre marché, lieu d'étape pour les passeurs du Nil et du lac Tana. Aujourd'hui, c'est un centre de plusieurs milliers d'habitants, un port et un nœud routier de grande importance, et c'est véritablement devenu, comme son nom l'indique, la porte du Lac, passage obligé des trafics lacustres et routiers en provenance et à destination du Gojam.

Bahar Dar est aussi un marché considérable, qui attire des gens et des biens de tout le Gojam, depuis les frontières du Soudan. Le meilleur café de l'Empire, celui de Zeghè, sur le lac Tana, arrive ici par le lac. Des marchands indiens et yéménites s'y rendent en grand nombre, y installent leur siège, leurs magasins, et partent pour parcourir le Gojam en suivant nos colonnes mobiles. Cette fois encore, nous en avons une centaine avec nous. « Les voilà », dit Renzulli.

Courbés sous d'énormes ballots de marchandises, ils marchent par petits groupes dans les intervalles entre les compagnies. D'autres, les plus riches, poussent devant eux des ânons chargés de sacs et de caisses. Il y a même un riche marchand du Yémen qui a engagé quelques *negadras*, qui forment une petite caravane de mulets. Dans le Gojam, une colonne d'*ascari* est un peu comme un train : tout le monde en attend le départ, tout le monde en attend le passage. Peu à peu, la colonne grossit, elle devient un énorme convoi, quelque chose comme un train blindé et un train de marchandises à la fois, moyen de sécurité et de défense pour la circulation et moyen de transport en même temps. (Ceux qui critiquent le système des colonnes mobiles et voudraient résoudre tous les problèmes avec la politique de la carotte ou du sel sur la queue oublient l'importance commerciale, outre celle militaire, qu'ont les colonnes mobiles.) Le départ du 9ᵉ bataillon était attendu depuis des jours et des jours à Bahar Dar. Le « train noir » est enfin parti, chargé de marchandises. En chemin, il sèmera les marchands yéménites dans tous les centres du Gojam, et ira rejoindre dans le Choa la 2ᵉ brigade coloniale du colonel Lorenzini, pour donner la chasse à Abebe Aragaï et ses bandes de pillards.

Au bout de la colonne, une dizaine de camions avance en cahotant sur la piste encore fraîche, encore, disons, vierge. Ce sont des Lancia Ro, que Renzulli doit remettre au parc automobile de Debré Markos. Ils ont profité eux aussi du départ du 9ᵉ pour essayer la nouvelle piste Debré May-Mota-monts Choké-Debré Markos. Dans le nuage de poussière soulevé par les Lancia Ro, une centaine de femmes suit à pied : ce sont les femmes des *ascari* amhara. Elles marchent en silence, patientes, pendant des étapes de dix, de douze heures, de quarante, de soixante kilomètres. Courbées sous le poids de leurs sacs et de leurs sachets, souvent avec un enfant accroché à leur dos. Pendant les combats, elles apportent de l'eau et des cartouches pour les mitrailleuses lourdes, soignent les blessés, transportent les cadavres à la lisière du champ de bataille, enterrent les morts ; ou, assises autour de leurs petits feux, à l'abri de quelque haie d'arbres, elles préparent du thé à leurs hommes qui combattent. Vers le crépuscule, quand la colonne s'arrête et plante les tentes, ce sont les femmes qui allument les feux, pétrissent la farine, font chauffer des pierres rondes pour cuire de la *burgutta*, préparent du thé et du *zigni*. « Leur courage et leur abnégation sont admirables », dit Renzulli. Elles passent, la tête baissée, la poitrine sciée par les cordes qui tiennent leurs bâts. Elles lèvent les yeux et nous regardent : deux yeux courageux et doux.

— Hum ! dit Renzulli en se dressant sur ses étriers et en humant l'air ; hum ! J'ai l'impression que, ce soir, on va se battre.

Se battre, pour cet homme des Pouilles tout en muscles jusqu'à la pointe des cheveux, signifie échanger des coups de feu. *Chifta, chifta,* répètent les *ascari,* les yeux pétillants de joie.

— Ils méritent pourtant une bonne leçon, ces vauriens de *chiftas,* dit Renzulli. Les journaux anglais et français les appellent rebelles, comme s'il s'agissait d'un problème politique. Il s'agit d'un problème économique, seulement économique. Le métier de *chifta* a toujours été un métier comme un autre, en Éthiopie. Une fois la récolte finie, les impôts, les rançons et les dîmes payés en nature, que restait-il aux paysans ? Un peu de *tef* et de doura, quelques sachets de *berbéré.* Les jeunes quittaient le village et devenaient des *chiftas.* Ils volaient, pillaient, violaient, prenaient *tej, tella, berbéré,* lait, *zigni* de chevreau. Et, de temps en temps, ils trouvaient le moyen d'épancher leur instinct guerrier en échangeant des coups de fusils avec les habitants de quelque village rétif à se laisser saccager, ou avec une bande rivale.

Vers l'époque des semailles, ils retournaient dans leurs villages, pour deux ou trois mois. Et ainsi de suite. Au fur et à mesure que ces régions retrouveront, dans la sécurité garantie par la présence des Italiens, leur prospérité économique, les *chiftas* disparaîtront progressivement. Les *chiftas* sont une triste conséquence de la disette. Mais si la disette en soi se combat avec l'ordre politique, une administration juste, la sécurité de la terre et des marchés, ses conséquences, de nature criminelle, comme les *chiftas*, se combattent avec le fer.

Et Renzulli se dresse sur ses étriers pour jeter un coup d'œil au service de sécurité. Une compagnie est d'avant-garde, une autre d'arrière-garde. Les *boulouks* des flanqueurs sont échelonnés sur les côtés, à cinq cents mètres environ de la colonne. L'effort que requiert un service de flanquement sur ce terrain est sans limite. Les hommes disparaissent dans les broussailles épineuses, s'ouvrent un chemin baïonnette au poing dans l'épaisseur des cannaies, des ronces, parmi les hautes haies d'euphorbes et d'acacias. Ils réapparaissent, sanglants et lacérés, blessés par les terribles aiguillons des acacias et des euphorbes. Les roseaux fouettent leur visage, et ce sont des coups de fouets qui taillent. Ils avancent l'oreille tendue, le nez au vent, l'œil vigilant et vif sous le papillon noir de leurs paupières. Les *ascari* sentent la présence de bandes de *chiftas* sur le chemin de la colonne : l'absence totale d'habitants et de bétails les dénonce. Les villages épars que l'on entrevoit sur les collines sont déserts, quelques-uns abandonnés depuis des jours, d'autres depuis quelques heures. Dans les sommaires foyers, la cendre est encore chaude. La bouse des bovins est fraîche. Déjà, au camp de Bahar Dar, les informateurs avaient averti notre commandement que les *chiftas* préparaient un guet-apens à la colonne aux alentours de Debré May, dans le défilé de Guembeva.

– Hum ! dit Renzulli ; j'ai la vague impression que, ce soir, on va leur flanquer une dégelée.

Tout à coup, la colonne s'arrête. Nous sommes au gué de l'Handassa, premier affluent du Nil. C'est un petit cours d'eau ombragé par d'épaisses rangées de grands arbres. Ses eaux sont limpides, les *ascari* et les mulets y pataugent allègrement. Le capitaine Renzulli ordonne qu'on procède à l'abreuvement, car nous ne trouverons plus d'eau jusqu'à Debré May. Des nuées de grosses mouches et de moucherons entourent la colonne en bourdonnant. La chaleur est suffocante. L'air est rêche, rugueux, il craque entre les dents comme une feuille sèche. On respire en remuant les mâchoires comme pour mordre. Devant nous, les collines de Guembeva se dressent en oscillant dans la réverbération blanche. Elles sont à peine à mi-chemin ; d'ici peu, nous quitterons la vallée du Nil et nous grimperons sur les premiers contreforts de Guembeva. La sueur coule le long de mon front et de mon torse. J'ai les yeux et les oreilles pleins de poussière, que la sueur transforme en boue. Mes genoux saignent, torturés par ces terribles selles abyssines. Quiconque a l'habitude des mulets comprendra si je lui dis que je suis brisé de la tête

aux pieds. Je m'assieds dans l'herbe dure, poussiéreuse, à l'ombre d'un bosquet d'acacias.

— Téklit Ountoura, appelé-je.

Le *boulouk-bachi* que Renzulli m'a donné comme
ordonnance et porte-fusil est là, immobile. Les lèvres
couvertes de mouches.

— Téklit Ountoura, nous avons à manger ?

— Oui, monsieur, nous avons à manger et bière.

Et il m'apporte un paquet en papier qui contient
un peu de *burgutta* frite, une cuisse de poulet, un
morceau de fromage, une bouteille de bière. Je
débouche la bouteille, la bière fume, chaude, odorante d'urine de cheval. Je regarde Téklit Ountoura
comme pour lui dire « ça commence bien », et Téklit
reste planté là, au garde-à-vous, le visage impassible.
C'est un bel *ascari*, Téklit Ountoura, un vieux
soldat : il vient de Mai Edaga, en Érythrée. Grand,
très maigre, des jambes de cigogne, un visage long
et étroit, de grands yeux intelligents qui fixent mes
yeux, mes mains, mes lèvres, il observe tous mes
gestes, cherche à deviner tous mes désirs, toutes mes
intentions. Il a été serveur au mess de S. E. Graziani
pendant deux ans : il a servi le vice-roi à table dans
le *guebbi* d'Addis Abeba. C'est un vétéran, il a participé à de nombreux combats, il a été blessé à
Maychew. Il a trois autres frères *ascari*, blessés et
décorés. Un de ses beaux-frères est mort à Maychew.
Une famille érythréenne fidèle, exemplaire.

— Téklit Ountoura, lui demandé-je, sais-tu pourquoi je suis ici ?

– Oui, monsieur, répond-il, pour servir gouvernement.

Hé non, mon cher Téklit ! Je voudrais lui expliquer que le gouvernement n'a rien à voir avec ça. Personne ne m'a envoyé ici. Personne ne m'a ordonné ni prié de venir ici. J'y suis venu de mon propre chef, à cause de mon sacré caractère qui me pousse à l'aventure, et qui, de temps en temps, me met dans le pétrin. J'étais venu pour accomplir un voyage touristique et journalistique confortable à travers l'Éthiopie. Pour écrire quelques articles agréables sur les magnifiques routes de l'Empire, sur les hôtels de l'Empire, sur les lignes aériennes qui traversent l'Empire, sur les autocars Gondrand qui desservent la ligne entre Massawa et Addis Abeba. Et j'ai été me fourrer dans le Gojam : et me voilà ici, à présent, en civil, sans même un casque colonial, avec un petit chapeau tyrolien sur l'oreille, un mousqueton en bandoulière, un pistolet à la ceinture de mon pantalon, juché sur le dos d'un sale mulet qui trotte, galope, donne des coups de sabot, et arrache à chaque secousse un lambeau de peau à mes genoux. Me voilà ici, avec la belle perspective de parcourir six cent cinquante kilomètres à dos de mulet, de dormir où je peux, de manger ce que je peux, par des pistes à peine tracées, à travers des régions dont il n'existe aucune carte topographique : sous un soleil qui me cogne sur la tête, sur un mulet qui (dirais-je, si c'était possible) me pousse en avant par des coups de pied au derrière. Mais comment faire pour expliquer tout ça à un *boulouk-bachi* ? Il ne comprendrait pas. Et je me crie à moi-même, au fond de mon cœur : « Ah, non ! sale fainéant de Malaparte ! Regarde autour de toi : tu es dans la vallée du Nil, d'ici peu, tu verras le cœur du Gojam, tu parcourras un pays que peu de Blancs ont visité jusque là, une région merveilleuse qui sera demain le grenier, la forteresse, l'acropole de l'Empire. De quoi te plains-tu ? Chanceux que tu es de ne pas voyager en autocar ou en avion mais à dos de mulet ! Quel chanceux ! »

Et là, Renzulli, s'approchant de moi au galop sur son grand mulet qui ressemble au cheval de Troie, me crie : On y va ! on y va ! Et je suis de nouveau en selle, la tête couronnée de mouches, la bouche pleine de moucherons et de poussière, le dos rompu par les fortes secousses, les genoux désespérément serrés sur les flancs de mon mulet. Je rejoins M. Conte, et nous attaquons en trottinant la montée qui mène au défilé de Guembeva. Les chaumes cèdent peu à peu aux ronces, aux halliers, à une broussaille pourpre de plus en plus dense. « Quel étrange pays ! », dit M. Conte.

Sous la chaleur, le ciel vibre comme une plaque métallique : on dirait une immense aile de libellule suspendue au-dessus de nos têtes.

Du haut d'un coteau, nous nous retournons pour mesurer du regard le chemin parcouru. Et un « oh ! » d'émerveillement me monte du cœur. Le lac Tana s'étend au fond de la plaine, plat et luisant comme du cristal : légèrement embué sur ses bords. Les courants gravent des arabesques et des hiéroglyphes étranges à sa surface. Des îles bleu clair errent à l'horizon. Les Portugais venus se battre contre Ahmed Gragn l'appelaient la « grande mer ». Et aujourd'hui encore, les Amhara l'appellent « grande mer ». Là-bas, sur la rive opposée, la péninsule de Gorgora se détache, incertaine, verte et rosée. Au loin, les monts qui entourent la cuvette de Gondar. Un oscillement de formes bleues et vagues flotte dans l'air, là-bas, au fond, bleus, les monts du Wagara, bleues, les montagnes de Debré Tabor. Une immense paix bleue repose sur ces images d'une Afrique délicate, aux tons gracieux de pastel. Les contours des coteaux, des rives, des sommets lointains à l'horizon apparaissent estompés, à peine esquissés. C'est une suggestion de paysage, et non un véritable paysage. Quelque chose d'inachevé, ou d'excessivement achevé se trouve dans les lignes de cette nature surprenante. On dirait que le grand soleil, l'intense lumière blanche, a fané les couleurs, mélangé les plans, allégé les masses et les volumes. Les perspectives sont très profondes : la lumière y croît au fur et à mesure qu'elles s'éloignent, si bien que les plans extrêmes semblent plus intimement illuminés. La valeur du ciel dans ce paysage est énorme. Ce qui a de la valeur, ici, ce ne sont pas les formes des monts, du lac, des plaines, les accidents, les hasards, les règles, les lois du paysage en soi, mais le ciel, rien que le ciel, avec ses tons, ses lumières, ses repos, ses abandons, ses violences languissantes. Ici, la beauté de la nature est plus que gratuite : c'est un jeu. C'est une beauté grecque, ou toscane. Un temple, une colonnade dorique ne détonneraient pas dans ce paysage.

Le « train noir » de la colonne se défait dans la broussaille. Le flamboiement des foulards rouges embrase les buissons de ronces, court comme une langue de feu parmi les chaumes jaunes. Les fusils, les cartouchières, les boîtes de fer-blanc dont sont chargés les mulets, les femmes, les enfants luisent au soleil. Le chant triste et guerrier de l'*ahao* monte de la vallée. Quand nous arrivons au défilé de Guembeva, le soleil touche déjà l'horizon. La compagnie de tête ralentit, dessous, les autres se tassent, l'arrière-garde allonge le pas. Les flanqueurs se serrent, se rapprochent de la colonne. Les *ascari* avancent prudemment, le doigt sur le chien du fusil. Les braiments et les hennissements s'éteignent peu à peu. Les ombres s'allongent dans la vallée. Le soleil se creuse une tanière rouge au fond de l'horizon : on dirait non pas qu'il décline, mais qu'il s'éloigne, qu'il disparaît progressivement dans la matière dure que le ciel forme à présent. Pas une voix alentour. On progresse dans un silence chaud et pesant. Même les voix des *ascari* se taisent. Les femmes marchent courbées, dents serrées, jambes sanguinolentes : la poussière dessine un masque rouge sur leur visage.

Tout à coup, nous débouchons hors du défilé.

— Personne ne s'est manifesté, dit Renzulli d'un air étonné et amer.

Nous avançons plus rapidement vers le sommet d'une cuvette, d'où l'on descend vers Debré May. Je me retourne. La colonne sort du défilé, on entend le vrombissement continu, de plus en plus proche, des camions, les accès de colère des moteurs dans les passages où la piste se fait plus raide.

– On s'en est sorti, dit M. Conte, affichant un sourire sur son large visage calme et sérieux.

À ce moment-là : *Ta-poum*, le coup d'un fusil Mauser. Une balle siffle à nos oreilles.

– Bataillon, halte ! crie le capitaine Renzulli.

– Pauvres *chiftas*, dit Téklit Ountoura en s'emparant des rênes de mon mulet ; maintenant *ascari* être joie.

Joie à Guembeva

Au premier coup de fusil, un immense cri de joie s'élève de la colonne. *Arrai*! *Arrai*! (Hourra! Hourra!), hurlent les *ascari* en levant et en agitant leurs mousquetons en l'air. Les rayures blanches et rouges de l'écharpe du 9e bataillon, que tous les *ascari* portent enroulée autour de la taille, et les flammes vermeilles des foulards garibaldiens impriment une grande tache sanguine dans le paysage, un espace violent dans la passivité triste du crépuscule.

C'est la première fois que j'assiste à un affrontement entre les *ascari* et les *chiftas*, et je me prépare à savourer le spectacle goulûment. Pour ce qui concerne la guerre, je suis plutôt ce qu'on appelle un vétéran ; mais, bien que dénuée d'importance, cette escarmouche a son intérêt, car elle m'offre la possibilité d'observer et de juger à quel degré de perfection, en terme de discipline, de préparation, d'organisation, d'esprit et d'expérience militaire, sont arrivées en quelques années nos inégalables troupes noires éthiopiennes.

Le décor est magnifique, hors du défilé de Guembeva. Une cuvette herbeuse, épaissie çà et là par quelques misérables chaumes jaunes, des traînées de broussaille pourpre où tremble par moments le vert clair, presque bleu, d'eucalyptus hauts et feuillus. Sur notre gauche, au milieu de la pente opposée, un village apparemment désert et, en face de nous, en direction de Debré May, au sommet d'une colline, une église. Illuminé de biais par les dernières lueurs lasses du coucher du soleil, le ciel est d'une couleur verdâtre, parsemé de taches parfois blanches, parfois rouges, qui semblent être des nuages, et sont des nœuds de lumière, des caillots de soleil. Le premier coup de fusil a été suivi par une décharge furieuse, qui devient peu à peu un véritable feu de ligne. Du haut de son mulet, le capitaine Renzulli observe tranquillement la scène.

– Combien peuvent-ils être ? lui demandé-je.

– Ceux qui tirent ne sont pas plus d'une cinquantaine. Ils couvrent le mouvement d'autres bandes. Les voilà ! Vois-tu comment ils courent ? Deux cents ? Trois cents ? Ils veulent contourner le flanc, les pauvres. Qu'ils fassent donc.

Et il rit, tout content. Des coups de fusil partent du village. Des *chiftas* sortent en furie des *toukouls*, montent en courant le long de la cuvette vers l'église. On distingue nettement à cette distance, pas plus de cinq cents mètres, les *chammas* blancs des *chiftas*, leurs visages noirs. Ils se sont disposés en chaîne derrière un écran d'arbres. Immobiles sous les tirs, les *ascari* de flanquement dépassent des chaumes. Ils tirent debout, et je vois un *boulouk-bachi* courir de l'un à l'autre et se tourner de temps en temps de notre côté, comme s'il attendait d'un signe du commandant, non pas l'ordre, mais la permission de se jeter en avant.

— Ce qui est difficile, dit Renzulli, c'est de réussir à les retenir. Les *ascari* sont ainsi faits qu'au premier coup de fusil ils voudraient se jeter à corps perdu en direction du tir, sans réfléchir, par pur instinct agressif.

Pendant ce temps, la compagnie de renfort du lieutenant D'Amico s'est rendue sur la ligne des flanqueurs. On entend le chant guerrier de l'*achanféré* à travers les étendues de chaumes. *Arrai* !, crient les *ascari* de la compagnie restée en garnison sur la piste. Ces *ascari* sont tous de vieux soldats : leurs courtes barbes entortillées, clairsemées, luisantes, donnent à leurs visages sombres un air de pirate, mettant en relief l'ossature de leur front et l'architecture de leur mâchoire.

Rassemblés autour du fanion du bataillon, les *ascari* tapent des pieds en cadence, et peu à peu le mouvement grimpe le long de leurs tibias brillants et tranchants, se propage à leurs genoux, à leur ventre, à leur torse, à leurs épaules. Seule leur tête, légèrement inclinée vers l'épaule gauche, reste immobile. C'est une sorte de danse pyrrhique ; rauques et solennelles, les notes de l'*achanféré* sortent de leurs lèvres minces. Ils regardent tous avidement leurs compagnons qui courent à présent sous le feu nourri de la fusillade, de plus en plus intense et furieux. Nous sommes désormais attaqués sur trois côtés : on nous tire dessus depuis l'église aussi. Le visage du capitaine Renzulli est rayonnant.

– Mes mains me démangent, dit-il. J'ai l'impression qu'elles sont pleines de puces-chiques.

Et il fait le geste de se gratter les mains. Suivi par quelques messagers, il se jette soudain au galop dans la vallée, rejoint la compagnie du lieutenant Contento (un jeune, le lieutenant Nereo Contento : vingt ans, Triestin, décoré par la Croix de la valeur militaire, petit, rose, les yeux bleus et doux), je le vois agiter sa main en direction de l'église puis faire pivoter son grand mulet (les balles alentour font éclore de petites fleurs rougeâtres dans l'herbe) et, toujours au galop, remonter vers un bouquet d'euphorbes où sont aplatis quelques *boulouks* de la compagnie Commandement, celle du vieux *choumbachi* Mohamed, d'Adi Ugri.

Nous sautons à terre et descendons à pied à travers les chaumes vers la ligne de feu, derrière les *ascari* qui contre-attaquent. Mon *boulouk-bachi*, Téklit Ountoura, nous suit, tenant son petit sac de grenades comme un sac d'œufs. Pendant ce temps, tout en courant, je m'évertue à enclencher une nouvelle pellicule dans mon appareil photographique. Mes doigts restent pris dans le ressort, je n'arrive pas à enfiler le bout de papier rouge dans l'entaille. Je suis désormais à cent mètres des *ascari* qui tirent, quand une scène extraordinaire se déroule sous mes yeux. Un troupeau de bœufs (ils sont peut-être cinq cents) débouche soudain d'un bois au grand galop et se jette sur la colline dans la montée qui mène à l'église. C'est un stratagème des *chiftas* pour pouvoir glisser sur notre flanc et échapper ainsi à notre dangereux étau, protégés par cet écran mobile (ces bœufs sont le fruit de leurs razzias). Prises par la fureur aveugle de la panique, nombre de ces pauvres bêtes tombent sous nos coups, les autres trébuchent sur leurs compagnons tombés, dégringolent, se relèvent, poursuivent leur course sauvage. L'air résonne de mugissements effroyables. Je suis tout affairé à préparer l'appareil, à dérouler les premiers mètres de pellicule, et, quand je suis enfin prêt, la charge de bœufs m'est déjà passée sous le nez. À travers le nuage de poussière rouge, je vois les foulards écarlates des *ascari* flamboyer parmi les chaumes, et une bande de *chiftas* fuir devant eux, tirant vers l'arrière mais sans tourner la tête. Je m'entends alors appeler : « *Goitana, goitana* ! monsieur, monsieur ! ». Un *ascari* descend en courant vers nous.

— Qui es-tu ? Que veux-tu ?

— Je suis messager du capitaine Renzulli ; commandant dit de revenir de suite en arrière.

Nous revenons en arrière. Renzulli est là, près du fanion et, à côté de lui, sont installées quelques mitrailleuses lourdes qui tirent vers la colline. Les chauffeurs des Lancia Ro observent la scène près des armes, en groupe, calmes et souriants. Ce ne sont pas, disons-le, des chauffeurs militaires, mais des civils, vêtus de leur tenue jaune. Ils se tiennent un peu courbés, les poings sur les hanches, la cigarette au coin de la bouche, fronçant les yeux pour éviter la fumée : et ils observent la scène du combat comme s'ils observaient le travail patient d'un mécanicien sur un moteur.

Tout à coup, de très hautes flammes s'élèvent du village. Les *ascari* attaquent les *toukouls* à la grenade pour en déloger les défenseurs. L'incendie se propage aux chaumes, et les nuages de fumée dense donnent une touche sauvage à la scène, que la sérénité de l'air, la douceur grave et la lassitude de l'heure rendent presque pathétique, comme la scène d'un final de Métastase[1]. La menace étant désormais éloignée du flanc gauche, Renzulli se consacre à l'occupation de la colline qui surplombe la piste de Debré May.

— Il faut faire vite, dit Renzulli ; si la nuit tombe, je dois la passer ici, sous le nez des *chiftas*.

Pendant ce temps, le feu des fusillades, qui semblait s'éteindre, reprend avec violence, les balles sifflent rageusement, d'autres passent dans une longue plainte. Autour de l'église, là-haut, entre les eucalyptus, on voit des brigands se regrouper, d'autres descendre précipitamment le long de la cuvette pour tenter de nous surprendre par-derrière. Une compagnie se dispose en colonne derrière le commandant. « Allons-y, Téklit », dis-je à mon *boulouk-bachi*, qui, depuis le début de cette grosse escarmouche, me suit pas à pas comme un chien, s'arrêtant de temps à autre pour vider un chargeur.

La colonne se met en marche dans un tintement de bidons, de boîtes en fer-blanc, de cartouchières.

---

1. Librettiste d'opéra italien du XVIIIᵉ siècle (NdT).

Restés en arrière, les ânons des *negadras* braient sauvagement. *Idde, idde*!, crient les *ascari*, poussant devant eux les mulets qui portent les munitions. Les mitrailleurs sautillent en courant, une mitrailleuse Breda en équilibre sur l'épaule, le chargeur enclenché. Au sommet de la colline, la compagnie se déploie en éventail, entoure l'église, le fracas des grenades couvre le crépitement des fusillades. Nous arrivons sur la ligne de faîte, les *chiftas* fuient de toutes parts, poursuivis par nos patrouilles. *Arrai*! *Arrai*! crient les *ascari*, ôtant le foulard rouge de leur cou et l'agitant d'un geste festif.

Le ciel s'obscurcit. Des ombres lourdes surgissent de la broussaille, remontent la vallée dans notre direction. Le vent du soir se lève soudain, un vent froid, qui fleure la menthe et le basilic. « Regarde là-bas, *goitana*, dit Téklit Ountoura en tendant le bras vers Debré May ; regarde, voilà le Gojam. » Un large horizon se déploie devant mes yeux, un golfe immense, où les derniers rayons du soleil percent lassement les nuages verts, suspendus comme une couronne autour du front altier du négus. Peu à peu, la lumière se meurt, et le vent ressemble à un soupir. La nuit est déjà en embuscade, là-bas, dans la vallée du Nil, dans la ride profonde qui s'incurve le long des hauts plateaux. Mais tout doucement le ciel se fissure comme un vieux mur, laissant filtrer la clarté légère de la lune, qui répand une tendresse nouvelle, une jeune douceur, sur ce paysage lointain d'herbes et de hautes montagnes pleines de nids d'étoiles.

Passage de soldats
sur les hautes terres du Worana

Il fait encore nuit. Les étoiles pendent entre les branches des sycomores, entre les feuilles maigres et coupantes des eucalyptus. Le ciel est brillant et vert, moucheté de taches rouges, comme une pomme. Il est sensible, solide, comme un énorme fruit dans lequel nous évoluons. La terre paraît de même nature que ce ciel : au fond de l'horizon opaque, les montagnes pâles, transparentes, d'un bleu délicat et ingénu, du Sélalé, de Menz, de Tegoulet, et, plus à l'est, les sommets d'Ankober (et ces hauts plateaux où l'herbe dorée resplendit dans les claires ténèbres diffusées par les astres) semblent être de l'étoffe dont sont faits les nuages. Debré Birhan, siège du commandement de la seconde brigade coloniale, et clef de voûte de cette haute région du Choa, traversée par la route Termaber-Addis Abeba, s'éveille peu à peu au son des clairons et des tambours de guerre. La seconde brigade se prépare à partir pour la grande action de police projetée contre les bandes de brigands d'Abebe Aragaï. En attendant que le colonel Lorenzini, commandant de la seconde brigade, donne l'ordre de départ, je sors du village et m'enfonce dans la campagne. Mon *boulouk-bachi*, Téklit Ountoura, me suit en silence, sautillant sur la pointe de ses pieds nus.

Le trille multiple des oiseaux tombe des arbres, rebondissant dans l'herbe dure aux reflets métalliques : ils ont ici des voix peut-être plus douces et plus innocentes que chez nous, en Italie. La plainte ignoble des hyènes arrive de loin, approche, suivie et accompagnée du cri cassé et strident des chacals. Peu à peu, l'immense silence s'anime, se peuple d'odeurs, de lueurs étranges : des lueurs très lentes, comme des reflets fatigués et lointains. Ce sont les étendues de chaumes qui brûlent en haut des gorges où dévalent les cinq rivières. Péninsule longue et étroite, sorte de passerelle entre deux vallées, tout le haut plateau du Worana scintille dans la brume argentée comme un miroir d'eau, bouge sensiblement, glisse peu à peu, pareil à un fleuve, vers l'horizon du ponant encore aveugle, comme le reflet d'une lampe sur un mur noir.

C'est déjà l'aube, peut-être. L'aube point déjà, peut-être, des monts d'Ankober. C'est un brouillard vert et ténu, aux entailles roses comme des craquelures sur l'écorce d'une grenade. Le camp retentit d'un joyeux tintamarre. On entend un clairon, paresseux et insolent. L'appel éraillé des coqs lui répond depuis les *toukouls* disséminés autour du village. À cet appel, l'air se fissure, se lézarde, la nuit s'écroule comme un vieux mur, soulevant alentour un nuage de poussière âcre. On part. Une fois de plus, on part. Les hennissements des chevaux, les cris étranglés des mulets, les braiements angoissants des ânes se mêlent aux chants des *ascari*, aux *Aho* des Érythréens, aux *Walalié* des Amhara, et donnent à l'air dur et froid une forme de tiédeur, de douceur, d'humanité.

— Téklit Ountoura !

Le *boulouk-bachi* est resté à une vingtaine de pas derrière moi, caché dans une zone d'ombre, son fusil à l'épaule et son petit sac de grenades attaché à la ceinture. Il accourt silencieusement à ma voix :

— À vos ordres, *Goitana*.

— Où être Tamrat ? Dormir encore ? Nous voulons mulet.

Tamrat, le conducteur que le colonel Lorenzini a mis à ma disposition, sort lui aussi de la zone d'ombre, poussé dans le dos par le souffle du petit mulet déjà harnaché, une large cartouchière éthiopienne posée en travers de la couverture enroulée sur sa selle. Tamrat est un *ascari* âgé de seize ans : il vient d'Adigrat, dans le Tigré.

À présent, le camp s'agite dans un léger bourdonnement, qui semble très lointain. La colonne d'avant-garde me rejoint, passe à côté de moi, traînant les pieds dans l'herbe, comme pour en éprouver le son : l'herbe craque, siffle, vrombit. Les hommes sont pareils à des acrobates frottant leurs chaussons dans la poudre de résine avant de monter sur le trapèze ou de marcher sur la corde. Ce sont les *ascari* du 5e bataillon érythréen, les hommes du colonel

Quirico. Autour de leurs hanches ils portent la large écharpe écossaise du cinquième bataillon, aux carreaux verts, bleus, jaunes, rouges et noirs. Le fusil en équilibre sur l'épaule, comme un javelot. Tout à coup, on dirait qu'ils s'élancent : ils soulèvent les pieds, grimpent sur les trapèzes pourpres de l'aube, glissent sur les cordes bleues, tendues entre les montagnes.

Déjà, les fines nervures de flanqueurs se détachent de la colonne et s'inscrivent peu à peu dans le ciel vert, d'un vert cruel et trouble. *Iddi ! Iddi ! Iddi !* crient les conducteurs, en fouettant les mulets avec de longues branches épineuses. Le convoi de ravitaillement du 5ᵉ arrive, mêlé à celui du commandement de brigade. Les grands mulets au poil long et sombre avancent, sévères et solennels, gravés dans la pierre vive de l'horizon du Menz. Derrière, viennent les chevaux blancs du village galla de Mocrea, près de Debre Sina, aux naseaux exsangues, à l'œil pâle, aux longues crinières immaculées, agitées par le vent sec des hauts plateaux. Leurs regards attentifs et doux me suivent pendant que je pousse mon mulet dans la grande vallée qui sépare l'arête de Debré Birhan de la limite du Worana. Puis viennent les ânons abyssins, les *adguis*, avançant par groupes, le museau de l'un sur la queue de l'autre, la tête inclinée, chargés de tentes, de couvertures, de petites marmites, de pots, de sacs d'avoine. « Les chars d'assaut » – c'est ainsi que les *ascari* les nomment. Le trottinement vif de leurs petites pattes poilues soulève une épaisse poussière rougeâtre, où la colonne d'arrière-garde du 10ᵉ bataillon érythréen, aux couleurs blanches et bleues, disparaît en un éclair dans un poudroiement dardé par les premiers rayons du soleil.

Voilà le soleil. On dirait qu'une lame acérée tranche soudain ce qu'il y avait encore de trouble, d'inquiet et de secret, d'hostile dans l'air vert et rosé du matin. Un sentiment d'orgueil immense, stupéfait, tombe sur la terre. Tout à coup, dans l'erreur matinale des perspectives, les montagnes lointaines du Selalé et de l'Insaro, les monts de Tégoulet, se dressent, gigantesques, comme s'ils surgissaient à l'instant des entrailles de la terre. Des gouffres profonds se déploient à droite et à gauche du sentier : la lumière s'y précipite avec un fracas de tôle martelée. Et tout autour, sur les flancs des montagnes, qui peu avant semblaient nus et lisses, se révèlent à présent de noirs ravins, des cavernes à pic, des forêts d'euphorbes, d'immenses étendues de pierres noires, de galets fumés, et, çà et là, des grumeaux d'ombre violette, ou pourpre, ou verte, ou bleue, si bien que toute la nature sournoise et mortifère de ces hautes terres du Menz se dévoile peu à peu sous nos yeux. Là où la nuit, et la lumière incertaine de l'aube, et la première inquiétude rosée du matin offraient des étendues plates, continues et égales jusqu'à l'horizon le plus lointain, au point qu'on s'imaginerait progresser sur une plaine infinie, le contraste de la lumière déjà mûre creuse à présent des abîmes, dresse des murailles abruptes, créée de soudaines montagnes noires, des vallées de bruit et de vent, et c'est alors seulement qu'on se rend compte que ce Worana, où l'on marche dans le courant tourbillonnant des *ascari* et des bêtes de somme, n'est rien d'autre qu'une étroite passerelle entre deux vallées vertigineuses, un pont suspendu, un rebord aérien et herbeux qui s'enfonce à pic sur ses deux côtés.

Les faucons noirs dessinent de larges cercles audessus de nos têtes en poussant des cris menaçants. Au fur et à mesure que la longue colonne s'élève vers le Chimbré, les cercles des faucons se font plus étroits, leurs cris plus aigus. Et de toutes parts, glissant sur l'aile jusqu'à effleurer la croupe des mulets et le dos des *ascari*, des vols d'oiseaux de proie approchent, certains bruns, d'autres noirs, d'autres bleus, le bec tendu, les serres prêtes au massacre.

À un détour du sentier, où un mur de roches noires forme comme une tenture, des groupes de prêtres et de paysans viennent à la rencontre de la colonne, apportant les présents rituels : œufs, poulets, *injera* et *tella*, cette bière trouble au goût d'orge acide et de miel fatigué. Le soleil tape sur les parasols colorés des *cachis*, brille sur leurs courtes barbes aux poils rares et graisseux, sur leurs *masqals* en argent, sur leurs fronts cuivrés. De pauvres *toukouls* sont éparpillés alentour, certains faits de branches et de paille, d'autres aux murs à sec, d'autres encore entourés par des palissades en bois rudimentaires, par des terre-pleins en *tchica* et en pierres rouges. Des aboiements obstinés et rageurs effritent l'air. Ce sont les invariables chiens abyssins, trapus, petits, de couleur fauve, croisés avec des chacals : chez eux, l'antique noblesse canine rivalise avec la férocité des chacals.

Au cours des siècles, le passage de soldats sur ces hautes terres du Worana a toujours signifié razzia, mort, incendies, enlèvements de femmes et d'enfants. Les chiens sont les premiers à donner l'alarme, les derniers à abandonner les villages quand les brigands s'annoncent sur la crête des montagnes par la fumée des incendies. À notre arrivée, ils aboient avec une fureur désespérée et déçue. Ils ne se couchent que lorsque le colonel Lorenzini s'approche débonnairement des prêtres et des paysans, en parlant d'une voix calme. En retour des présents rituels, le colonel donne de l'argent pour les pauvres et pour les églises. Les vieillards et les femmes font éclater leur cri de joie caractéristique, l'*elelta*. Les jeunes se couvrent la tête avec un pan de leur *chamma*, ourlé de rouge comme une toge byzantine. Toutefois, un soupçon, une crainte, une obscure incertitude, résiste dans le grondement sourd des chiens. Peut-être pas à cause de nous, mais à cause des armes étincelantes, du joyeux vacarme des fusils, des gibernes, des gourdes, à cause de ce délire de couleurs et de voix. Tout doucement, les chiens sortent des buissons d'euphorbes, de l'ombre des murets en *tchica*, suivent la colonne de loin, se rassemblent, et de dix deviennent cent. Dans leurs yeux rouges et chassieux brûle une grande envie de suivre les *ascari* pour faire la guerre aux pillards et mordre les *chammas* des *chiftas* en fuite. La fidélité à la terre, au *toukoul*, au lopin de terre, au maître misérable, lutte en eux contre l'instinct aventurier et belliqueux, le désir de suivre un nouveau maître armé d'un fusil, par les escarpements du Menz.

Mais un galop soudain les disperse, et les chiens s'enfuient çà et là en aboyant. Le colonel Lorenzini, suivi par un groupe de *zaptiés*, arrête sa mule d'un violent coup de rêne.

– On y va, Malaparte, me dit-il ; vous voyez ce col, là-haut ? C'est le Chimbré. Je mettrais ma main à couper qu'Abebe Aragaï nous attend là-haut.

Ce disant, il lève son fouet, son mulet fait un écart, se lance à toute allure ; et nous lui emboîtons le pas dans un nuage de poussière, traînant derrière nous la horde hurlante des chiens.

L'assaut au bastion des brigands

J'avais eu l'occasion de lire, dans un journal français trouvé sur la table d'un café à Addis Abeba (peut-être oublié par quelque employé des Chemins de fer de Djibouti), une description d'Abebe Aragaï, le brigand tristement célèbre du Menz, à faire pâlir de jalousie les héros de Plutarque. On y lisait qu'il avait été élève à l'école militaire française de Saint-Cyr, qu'il parle le français comme un Parisien, porte un monocle, que c'est en somme un grand seigneur, un parfait gentilhomme, qui ne détonnerait pas dans le Faubourg. « Saint-Cyr ! Un monocle ! Un gentilhomme ! Penses-tu ! proteste le colonel Lorenzini ; mais où vont-ils chercher toutes ces... ? », et il répète le célèbre mot du cardinal Hippolyte d'Este adressé à l'Arioste.

En réalité, Abebe Aragaï n'est qu'un brigand parmi d'autres : il ne connaît du français que quelques mots appris dans les maisons de tolérance de Djibouti, il ne porte pas de monocle, il mange avec les doigts, il est vil et cruel comme n'importe quel hobereau du Choa, altéré moralement et physiquement par les spiritueux, le champagne et les chanteuses des bars autrefois florissants à Addis Abeba. Entré, allez savoir pourquoi, dans les bonnes grâces du négus, il était devenu une sorte de chef de sa police, spécialisé dans les rançons, les spoliations, les chantages en tous genres : un gangster officiel, entretenu par des maquerelles françaises et les propriétaires des cabarets d'Addis Abeba. « Vous voulez voir à quoi il ressemble ? dit Lorenzini ; lieutenant Jorio, faites-moi passer le portrait d'Abebe Aragaï. » Le lieutenant fouille dans le sac de cuir accroché à la selle, en tire une enveloppe jaune et, de l'enveloppe, sort le portrait d'un colosse obèse, au double menton fumé, assis dans un grand fauteuil doré sur fond de papier coloré. Il est chaussé de hautes bottes à l'écuyère brillantes. Il porte un *chamma* jeté sur un uniforme jaunâtre, taillé à l'européenne. Un casque colonial écrase son visage gonflé par la graisse et le sommeil. Il a des lèvres de buveur. Ses yeux sont petits, cernés de noir, globuleux. On dirait un nègre de Harlem déguisé en assistant de cirque équestre. Des poils rares et broussailleux lui tiennent lieu de barbe et de moustache. Un pistolet Mauser de type Parabellum pend à sa ceinture. Il tient ses mains ouvertes sur ses genoux, afin de montrer ses gants jaunes, dont il est visiblement fier. Après notre conquête, il a tenté plusieurs fois de se faire acheter à prix d'or, mais comme il n'était pas bien brillant, on estima préférable de ne pas l'acheter. Abebe Aragaï se rendit alors en douce dans le Menz, dans la région des cinq rivières, enrôla quelques bandes de brigands et rançonna les paysans et les bergers, toujours prêt à décamper et à faire la navette entre le Menz et l'Ankober dès que des patrouilles d'*ascari* apparaissaient au bord des vallons.

— Cette fois-ci, je vais lui flanquer une dérouillée bien de chez moi, dit le colonel Lorenzini, en observant sur la carte l'itinéraire des différentes colonnes, en route depuis l'aube vers le point de ralliement préétabli.

Entre aujourd'hui et demain, l'étau se resserrera autour des cinq rivières : la colonne de Rolle, celle de Timossi, celle de Farello, celle de Sora (Sora, colonel des Alpins, héros de l'expédition dans l'Arctique à la recherche des compagnons de Nobile), les *bande* de Giordano, la cinquième *banda* d'Arconovaldo Bonacorsi, et le 10e bataillon érythréen de Renzulli avancent simultanément vers les cinq rivières, en ratissant les fourrés, en explorant les cavernes, les vallons, le lit des torrents, les buissons d'euphorbes, de ronces, de roseaux, les mille anfractuosités de ce terrain infernal, fait de rides de mille mètres de profondeur, fait d'arêtes de montagnes s'élevant jusqu'à trois mille mètres d'altitude. Ayant flairé le danger, Abebe Aragaï a réuni les cavaliers galla de Mocrea et les brigands du vieil Auraris, et il va tenter d'échapper à notre piège en fuyant vers le Sélalé, ou le Merhabété, ou Ankober. Une dérouillée bien de chez moi. Lorenzini vient de la Maremme, de Cecina, et, quand il était jeune, il a jeté des cailloux sur les moineaux perchés dans les cyprès de Bolgheri, a chassé le sanglier dans les campagnes aux alentours de Volterra, et il est monté en croupe sur les poulains de Follonica. Ce soldat a belle allure, sa grande barbe drue sous son menton court et ferme, sa grande barbe grise où le vent dépose des brins de *tef* et des plumes d'oiseaux, si bien qu'elle ressemble à un nid. Avec ses sourcils toujours froncés sur un visage pourtant doux de père de famille et de moine. Ses lunettes forment un écran brillant devant ses yeux : si bien qu'on les dirait aveugles et rayonnants à la fois. Il ne parle jamais. Il se tait de longues heures, des journées entières et, quand il ouvre la bouche et prononce quelques mots, un frisson de joie parcourt toute la colonne, passant d'*ascari* en *ascari*. Même les mulets crient, mêmes les ânes braient. Le voilà : il se tient un peu courbé, pensif, sur la selle de son mulet gris, les mains sur les genoux, le dos se balançant, et il rumine intérieurement les éléments de ce matin resplendissant de soleil : le vert des ravins, le jaune des chaumes, l'aboiement des chiens, le bavardage des *ascari* qui sautillent sur la pointe des pieds, et les hennissements, les hennissements, les hennissements des chevaux de la bande de *zabegnas* d'Aileu Mariam. C'est un vieux colon, Lorenzini, dans les colonies depuis plus de vingt ans, Croix militaire de Savoie en tant que capitaine, commandant des blindés à Koufra, on l'appelait le Lion du Djebel et aussi Marabout, en Cyrénaïque. C'est lui qui a pacifié le Sélalé, qui a arrêté Mengesha et Sefrum. Sa force est sauvage et paternelle, comme sa Maremme natale. Tous les *ascari* le vénèrent et le craignent.

– Quand *chifta* commencer à tirer, disent les *ascari*, monsieur colonel Lorenzini faire comme cheval. Lever la tête et faire hihihihihi ! hihihihi !

Oui, c'est vrai : il y a quelque chose d'équin en lui. Cette douceur généreuse et forte que l'on retrouve toujours chez les habitants des pays peuplés de chevaux.

Je me tourne et, sur les vastes étendues de chaumes qui descendent doucement vers Debré Birhan, j'aperçois la colonne d'arrière-garde, précédée par l'armée immense des convois de ravitaillement, sorte d'armée de Xerxès. Le brouhaha confus des *ascari*, leurs chants de guerre mêlés aux hennissements et aux braiments nous arrivent, distincts et fragiles dans l'air de verre, que le soleil déjà haut dissout peu à peu. Une lente tiédeur se répand sur les hauts plateaux qui tout à l'heure brillaient de froid. À nos côtés, les flanqueurs glissent le long des ravins. On dirait que nous marchons dans le vide, flottant dans l'air. À notre droite, les hommes se découpent sur le ciel oriental, tout ruisselant de lumière, à notre gauche, ils se projettent, souples, sur les montagnes lointaines de Selalé, bleues dans l'atmosphère verte. Des moutons et des vaches aux longues cornes en lyre sortent, effrayés, des buissons d'euphorbe. De petits oiseaux, que je prends d'abord pour des moineaux – avant de les identifier comme des sortes de pinsons –, viennent vers nous en vols denses, produisant dans l'air un gazouillis familier, un charmant frémissement d'ailes, une rumeur joyeuse ; que quelques coups de fusils brisent soudainement.

Les *ascari*, comme ils le font toujours lorsqu'ils tirent les premiers coups, accélèrent le pas au lieu de s'arrêter, et ils sont sur le point de s'élancer quand la voix des officiers les arrête. Soudain, le col impraticable du Chimbré dégringole devant nous pour remonter brusquement un millier de mètres plus loin. Le colonel Lorenzini a fait s'arrêter la colonne et placer la section d'artillerie de montagne du lieutenant Mammini. Le 5e bataillon, qui est en avant-garde, s'attaque résolument à la paroi rocheuse qui se dresse devant nous. On voit les *ascari* du colonel Quirico, rapides et prudents, escalader les rochers entre les buissons rouges de ronces. La roche a ici la couleur du sang de bœuf. Les petits groupes *d'ascari*, éparpillés çà et là, ressemblent à de noirs caillots. On aperçoit sur la crête du Chimbré, agrandis par la réverbération métallique de la lumière, les silhouettes des cavaliers galla, sur leurs chevaux blancs. Ils doivent être environ un millier.

Les tirs reprennent, d'abord nourris, puis plus rares et fatigués : ils se taisent. Dans ces montagnes, la guerre a ses moments de pudeur. Il arrive qu'un combat se déroulant à quelques centaines de mètres à peine, selon l'orientation des courants aériens, ne soit pas audible. Dans ces vallées et sur ces sommets, le vent a le même effet que les courants dans la mer. Il porte le son, l'écho du son arrive à la dérive, comme une épave. Les *ascari* du 5e bataillon ont à présent atteint la crête ; ils disparaissent de l'autre côté. Quelques chevaux tombent en roulant le long des rochers. Les coups de fusil s'éloignent, rebondissent sur les arêtes du Zendebour, à notre droite, derrière la vallée du Beresa. Allons-y !, dit le colonel Lorenzini, qui, entre-temps, est descendu de son mulet (à sa place, un autre dirait « En avant ! ») ; et il se lance à pied dans la côte impraticable de la montagne.

Nous attaquons nous aussi la montée escarpée, presque à pic. Derrière nous, les mulets glissent, se heurtent dans un tourbillon de poussière pourpre. Les conducteurs les retiennent par la queue, en criant *Hiddi ! hiddi ! Mac ! mac !*

Maintenant, nous grimpons vers la crête. Le soleil tape férocement sur notre dos, l'air est irrespirable. Il râpe mes poumons comme s'il était plein de limaille de fer. Enfin, une fois la crête atteinte, nous remontons en selle sur les mulets et nous engageons sur les hauts plateaux. Des fumées, proches et lointaines, annoncent aux brigands d'Abebe Aragaï l'approche du danger, signalent les endroits où les maillons du cercle se distendent et permettent la fuite. On monte lentement, de large vallée en large vallée. Des charognes de chevaux blancs gisent çà et là.

Deux chevaux blessés se traînent dans l'herbe. Un martèlement sec de mitrailleuses, les bruits sourds des grenades nous signalent que le colonel Quirico a accroché l'arrière-garde d'Abebe Aragaï. Nous nous avançons sur le bord de la crête qui surplombe la vallée du Beresa, et un spectacle grandiose s'offre à nos yeux. La confluence des cinq rivières s'ouvre devant nous, large, profonde, un abysse bleu et gris où l'air tremble, délicat et sensible comme un épiderme vivant. Les grèves des rivières paraissent blanches sous le soleil de midi, un soleil blanc, fixe, tel un œil de verre suspendu à l'aplomb de nos têtes. Des volutes de fumée denses s'élèvent par endroits. Des signaux, peut-être, ou des villages incendiés par les brigands en fuyant la colonne Farello, la colonne Sora, le *bande* de Giordano et d'Arconovaldo Bonacorsi. C'est là le repaire des pillards, leur forteresse, lieu d'embuscades et point de rassemblement.

– Bien joué, Quirico, dit Lorenzini ; voilà une raclée bien méritée.

Sous nos pieds, sur une immense terrasse verte où des bosquets d'eucalyptus mettent une touche de clarté presque timide, des formations de cavaliers galopent de façon désordonnée sous le feu des mitraillettes de Quirico. Des chevaux se cabrent, tombent à la renverse, d'autres s'enfuient, affolés, d'autres encore se débattent par terre, et, par contraste, leur robe blanche rend l'herbe vert vif. Des patrouilles d'*ascari* dégringolent le long des arêtes, dénichant des groupes de brigands à pied, qui se retournent et se rebiffent parfois. Les cimeterres, les longues *gurades* recourbées, émettent des lueurs vives. Le soleil se couche avec une lenteur solennelle, produisant des colonnes obliques de poussière jaune, rouge, bleue. Ce spectacle grandiose arrache de petits cris gutturaux aux *ascari* qui sont sur la crête : *Oua ! oua ! oua !* À côté de moi, un cheval blessé halète fortement. Il a les yeux grands ouverts, où le soleil roule, sanglant. Tout à coup, le cheval soulève la tête et hennit, agitant sa longue crinière blanche. Ce cri solitaire, triste, désespéré, sonne comme un clairon. « Demain, Abebe Aragaï aura la monnaie de sa pièce », dit Lorenzini. La nuit, personne ne combat en Éthiopie. Le soir tombe, léger et doux comme une paupière. Déjà les *ascari* allument les feux pour le bivouac, dans l'ombre pleine de hennissements et de chants lointains.

Dans les gorges du Beresa

Durant ces marches terribles par les vallons et les crêtes qui surplombent le Menz, le pire ennemi à combattre n'est pas le *chifta*, le brigand, mais le soleil. Non qu'il soit ardent, implacable, cruel, mais il a une fixité toute sienne, une obstination sereine, impassible, l'ironie d'un œil limpide, serti dans un ciel pur. Cet œil de verre vous fixe d'en haut, et, peu à peu, vous sentez son regard traverser votre veste en toile, pénétrer dans votre chair vive, dans votre sang, dans vos os, non comme une flamme, mais comme une langue visqueuse et froide qui, en peu de temps, vous laisse trempé de sueur glacée, endolori, les genoux cassés, les reins brisés, la tête lourde, les lèvres desséchées, gonflées, gercées. Une sorte de fièvre froide.

Ce matin, dans la vallée du Beresa (large en haut, étroite et encaissée entre de hautes murailles rouge vif en bas), derrière les bandes d'Abebe Aragaï en fuite, en descendant du Chimbré par la paroi qui dégringole de corniches escarpées en terrasses herbeuses, le soleil se levait face à nous avec tant de lenteur et de circonspection qu'on aurait dit un œil qui nous espionnait, un regard inquisiteur qui fouillait les poches de la selle, les gibernes, les obturateurs des fusils, les replis de la peau. L'œil de Juve cherchant Fantômas. Les *ascari* mettaient leurs mains devant leurs yeux, comme pour cacher leurs pensées à ce regard fixe. Une sensation d'embuscade imminente, de piège permanent flottait dans l'air. Les arbres, les pierres, les buissons, tout, autour de nous, avait une allure suspecte, sournoise : des forces inconnues et hostiles, déguisées en pierres, en buissons, en arbres. Les fumées d'alerte des brigands s'élevaient. Autour des *toukouls*, les vieillards et les femmes étaient assis devant le muret circulaire, le front couvert par le *chamma*. Les gamins et les chiens sortaient des haies d'euphorbes. Les jeunes avaient été entraînés de force par Abebe Aragaï pour grossir ses rangs : la loi des pillards est rude pour ces pauvres paysans du Menz.

Une brindille à la bouche, le fusil en joue, affichant cet air sournois qu'ils ont quand ils flairent l'embuscade, les *ascari* avançaient avec circonspection. Mon mulet, mon sacré mulet, descendait prudemment, une patte après l'autre, et, quand il franchissait les passages dangereux (d'étroites corniches de roche en surplomb à trois ou quatre cents mètres, des escarpements lisses sans point d'appui pour le sabot, des bordures herbeuses saillant sur des abîmes vertigineux), il hochait la tête en maugréant entre ses dents, s'arrêtait, une patte suspendue dans le vide, regardait au fond du ravin, et je fermais les yeux en maudissant le *Corriere della Sera*, quand la satanée bestiole franchissait le pas dans une secousse inattendue. De temps en temps, quelques mulets du convoi de ravitaillement ou des chevaux appartenant aux *negadras* dégringolaient en roulant le long de la paroi ; et, à certains endroits, il nous fallait descendre de selle et continuer à pied en nous agrippant à des pierres tranchantes, à des arbustes épineux, à des touffes d'herbe dures comme des arêtes de poisson.

Il est midi à présent, l'air est limpide, lavé par la lumière comme par une averse. Sur notre gauche, de l'autre côté de la vallée du Beresa, le long de la crête verte et rouge du Zendebour, on voit se détacher sur le ciel le profil des brigands en fuite : ils sont en file indienne, en colonne. On dirait qu'on pourrait les toucher en tendant la main. Pourtant, si nous sommes à deux petits kilomètres à vol d'oiseau, une bonne journée de marche nous sépare en réalité. Tout sillonné par les profondes gorges des torrents, ce terrain est si infernal qu'il ne faut pas moins de dix heures de marche épuisante pour descendre du Chimbré, guéer le Beresa et escalader la paroi opposée du Zendebour. « Avant aujourd'hui, aucun Blanc n'a jamais mis un pied sur ces sentiers », me dit le colonel Lorenzini. Région vierge, où les montagnes rappellent certains aspects des Dolomites, et où il suffit de descendre quelques centaines de mètres pour passer des hauts pâturages verts, battus par le vent froid qui souffle du Termaber et sur lesquels plane l'aigle éthiopien à l'aile funèbre, à une terre sèche, écharnée, qui n'est qu'os calcinés, noire de plantes tropicales fétides et acérées.

Bien que cette marche soit terriblement épuisante, les *ascari* avancent en sautillant joyeusement sur la pointe des pieds, et leur babil incessant est scandé par le martèlement des mitrailleuses Breda et le bruit sourd des grenades en bas, au fond du ravin, où le colonel Quirico est tombé sur l'arrière-garde d'Abebe Aragaï. Nous nous arrêtons un instant pour observer d'en haut le déroulement du combat. La fine fleur des brigands du Menz, les Amhara grands et musclés du vieil Auraris (en tout ils doivent être environ quatre cents, flanqués d'un millier de mulets et de chevaux), pris entre le feu du 5ᵉ bataillon et l'arrivée inattendue des *bande* de Farello, essayent de trouver une issue vers les gorges qui montent à Sasit. La colonne du convoi de ravitaillement se brise, les bêtes, désorientées, courent en tous sens, des groupes de bandits cachés parmi les buissons couvrent la retraite du gros des troupes d'un feu désordonné et furieux. Sur le bord du ravin, on voit les *ascari* du 5ᵉ bataillon tirer, froids et implacables, d'autres descendre prudemment derrière les brigands par des couloirs vertigineux. Allons-y ! dit Lorenzini. Il faut profiter du moment pour guéer le Beresa. C'est à nous, à présent, de descendre dans le ravin pour aller nous fourrer dans la gueule du loup. Si le 5ᵉ bataillon et les *bande* de Farello n'avaient pas donné cette raclée à la colonne d'Auraris, il ne serait pas aisé, maintenant, de passer le fleuve. La section de montagne du lieutenant Mammini ouvre le feu sur l'arête du Zendebour, les projectiles scient l'air au-dessus de notre tête, viennent éclater face à nous, sur la paroi de la montagne. On voit des groupes de *chammas* courir se cacher dans les fourrés et dans les grottes. De l'autre côté de la maudite vallée du Beresa, les coups de fusil des fuyards apportent une touche d'allégresse, comme des chants d'oiseaux dans ce paysage dur et méchant. Le colonel Lorenzini a la barbe joyeuse, les yeux pétillants derrière le miroir transparent de ses lunettes. La longue plume blanche fichée dans son chapeau tyrolien frémit de joie. Je m'élance en courant sur ce sentier vertigineux, je rejoins et dépasse le lieutenant Lazzi qui rit de bonheur, le lieutenant Cora qui chantonne d'un ton satisfait, le lieutenant Maldonato qui a l'air content, et M. Conte qui avance bras dessus, bras dessous avec le lieutenant Ortelli parmi les *gurba* affectés au service de santé. Les *ascari* aussi sont heureux : « *Chifta* mourir, méchant *chifta* mourir », crient-ils en agitant leurs fusils, et ils portent tous sous le bras un bouquet de pois verts dont ils picorent les baies tendres de leurs doigts clairs et délicats aux ongles jaunes. D'autres mastiquent lentement le fruit vermeil du *berbéré*, et la brûlure infernale qui embrase leur bouche fait naître une grimace de plaisir extatique et douloureux sur leur visage.

À mi-côte, je rejoins l'avant-garde. « Par ici, Malaparte » crie le colonel Scavone, qui commande le 10ᵉ bataillon érythréen. C'est un Sicilien, maigre et fibreux comme un morceau de bois. Il mange une croûte de *burgutta* empruntée à quelque *ascari*, ses dents grincent comme s'il mastiquait une pierre. Il en a après ces *mafiosi* de *chiftas*. Il vient à peine d'apprendre par un prisonnier qu'Abebe Aragaï a passé la nuit à Tesfié Mariam : dans ce village qui est là-haut, en face de nous, juste de l'autre côté de la vallée. Nous descendons au fond de la gorge, des cadavres de brigands et des charognes de mulets gisent parmi les buissons. Creusée entre de hautes parois, la gorge est si étroite et profonde qu'il y fait presque nuit. Une eau verdâtre court entre des rocs couverts de mousse. Puis c'est l'escalade d'un couloir pierreux, il faut pousser les mulets de l'épaule, les soutenir de toutes nos forces pour qu'ils ne tombent pas à la renverse. Quelques bêtes chutent dans un éboulement de pierres. Au bout d'un moment, nous nous asseyons sous un arbre pour reprendre notre souffle. Une ombre enflammée dégoutte des branches de l'arbre hérissé de feuilles dures et fragiles. Le crépuscule est proche et, sur l'extrême bord de l'horizon, un soleil liquéfié se coagule peu à peu en un caillot noirâtre. On entend au loin les coups de fusil de Sora, de Renzulli, de Bonacorsi. En face, sur la crête, sous le Chimbré, la colonne du commandement de brigade et du 5ᵉ bataillon est arrêtée, agrippée à la paroi, attendant que les sapeurs frayent un sentier sur l'étroite corniche suspendue au-dessus de l'abîme. De temps en temps, quelques mulets se détachent de la roche, tombent au fond du Beresa. Énormes, bruyantes, les voix des *ascari* rebondissent sur les flancs de la vallée.

Aux environs de Tesfié Mariam, des vieillards ridés au visage safran, des vieilles aux cheveux rasés, au visage lisse et cendreux comme une coquille d'œuf, viennent à notre rencontre. Ils apportent des gourdes de lait acide, de fougasses de *tef*, des outres pleines d'hydromel. De très belles filles, grandes et musclées, quoique maigres, tiennent de larges plateaux en bois débordant de *berbéré*. La poussière pourpre du *berbéré* émet des reflets d'or et d'émeraude. Les mains des filles y plongent, la remuent pour en faire valoir la couleur vive, la finesse du grain. Des enfants à demi nus portent sur leurs épaules des chevreaux noirs à la tête blanche. Aboyant joyeusement, des meutes de chiens faméliques s'ébattent autour des *ascari*. La scène a un mouvement solennel, une sobriété digne et ancestrale.

Le soleil s'enflamme tout à coup, tout devient rouge, et les arbres, les hommes, les animaux semblent noirs, gigantesques, difformes, dans cette atmosphère chauffée à blanc, sur ce décor vermeil. La nuit tombe, lourde et dure comme un couvercle. C'est l'heure des *ganien*, des esprits malins. Les *ascari* allument les feux pour le bivouac et, dans l'air soudainement cru, erre un vent fatigué, aux ailes froides comme celles d'un oiseau mort.

Autres écrits africains

Afrique romaine

Avant que les Romains ne débarquent pour la première fois sur les rives de Carthage, l'Afrique était considérée par les peuples civilisés de la Méditerranée comme un continent mystérieux, « peuplé d'hommes à tête de chien », une terre de monstres et de prodiges, un véritable musée des horreurs, de toutes les horreurs de l'antiquité classique.

Le peu qu'on en connaissait, à travers les récits de navigateurs, des marchands et des voyageurs égyptiens, phéniciens et grecs, n'avait pas vocation de créer à l'Afrique ce qu'on appelle une bonne réputation. Si l'on en croit Hérodote, ce père imaginatif de l'Histoire, mettre les pieds sur le Continent noir était la plus surhumaine et la plus périlleuse des entreprises, la plus étrange et la plus étonnante des folies. Même les héros d'Homère, de Ménélas à Ulysse, accostaient ces côtes le cœur glacé par une terreur sacrée. L'Afrique était une espèce de tumeur fétide ayant éclaté sur la rive méridionale de la Méditerranée, et le sirocco apportait jusqu'aux acropoles d'Étrurie, du Latium et de l'Achaïe les miasmes pestilentiels des forêts africaines pourries de fièvre, le souffle brûlant des déserts, le hurlement féroce de ces peuples monstrueux.

L'histoire des conquêtes persanes en Égypte, de la colonisation phénicienne et grecque le long des côtes de la Libye et de la Numidie, est plus une histoire de terreurs superstitieuses et d'horribles prodiges que d'héroïsme et de batailles. On racontait que des armées persanes, envoyées par Cambyse à la conquête du Haut Nil, avaient été englouties par les sables ou aspirées par les marais du Soudan. Même les Carthaginois, établis depuis des siècles sur les rives de la Tunisie actuelle, ne se risquaient pas à pénétrer à l'intérieur de leur territoire : la souveraineté effective de Carthage ne s'est jamais étendue à plus de cent milles au sud d'Utique. Leurs caravanes et leurs armées faisaient demi-tour, pleines d'effroi, racontant des histoires étranges et terrorisantes : des multitudes de fourmis qui avaient dévoré hommes et chevaux, des arbres aux branches semblables à des bras humains, qui saisissaient et étranglaient les imprudents, des êtres poilus et très noirs au visage argenté, des animaux dotés de la parole, d'énormes serpents, des cités marmoréennes errant dans le désert comme des bateaux à la dérive.

Seul Alexandre de Macédoine, dans sa rapide conquête de l'Égypte, avait accosté l'Afrique en souriant – la tête penchée sur l'épaule, dans le geste immortalisé par la statuaire grecque – et il n'avait montré ni révérence ni peur. Mais il se proclamait fils de Jupiter-Ammon, dont le culte était particulièrement à l'honneur au pays des Pharaons, et il se sentait à l'abri, protégé par ce père omnipotent. Toutefois, Alexandre lui-même se garda de pénétrer à l'intérieur des terres égyptiennes : aussi aventureux, amoureux du risque et fils chéri de Jupiter qu'il fût, il préférait se tenir au large des affreux monstres de l'Afrique. Il n'y eut que les Romains, avec leur solide réalisme, leur courage fait de simplicité et de bon sens, pour débarquer sur les littoraux africains privés de vaines terreurs, avec le même courage serein dont ils firent preuve pour affronter leurs ennemis dans les batailles d'Italie.

La véritable histoire de l'Afrique commence au printemps de l'année 256, quand les consuls M. Attilius Regulus et L. Manlius Vulso Longus abordèrent les côtes carthaginoises avec leur armée et prirent possession de la cité de Clypea. C'était la première fois que les Romains mettaient les pieds en Afrique ; et l'on vit immédiatement que, là aussi, ils se sentaient chez eux. Depuis lors, l'Afrique n'a plus de mystères, elle devient claire et logique, une chronique héroïque où l'on n'assiste plus aux exploits des hommes contre des monstres, mais des hommes contre des hommes. Mettre les récits et l'abstraction sur le plan du réel, transformer les légendes en histoire, les prodiges en faits concrets et les monstres en êtres civilisés est un talent naturel des Italiens de tous les temps, et en particulier des Romains. Alors que les entreprises du roi perse Cambyse et d'Alexandre le Grand dans la vallée du Nil, des Phéniciens et des Grecs le long des côtes libyennes et mauritaniennes étaient apparues entourées d'une auréole mythique, les entreprises des Romains contre Carthage et contre Jugurtha se montrèrent dès le début dans leur simple réalité d'expéditions militaires accomplies par un peuple sérieux, avec mesure, méthode, froideur et une inébranlable volonté.

Scipion, le héros des guerres d'Afrique, n'a rien du héros mythique écrasant les monstres : c'est un Romain, c'est-à-dire un homme droit, simple et pratique, pour lequel il n'existe pas de problèmes d'ordre magique, mais uniquement d'ordre tactique, logistique et politique. Si, aux alentours de Carthage, Scipion avait rencontré un de ces monstres dont parlent Homère, Hérodote et tous les poètes, les historiens, les voyageurs de l'Antiquité, il se serait sûrement comporté face à lui comme Sylla, selon Plutarque, se comporta plus tard face au satyre qu'il avait trouvé dans un bois près de Durrës : il se le fit amener, attaché, il l'interrogea en latin et en grec, il l'écouta pendant un moment, il ne comprit rien à sa langue de satyre, il le libéra et le renvoya vaquer à ses occupations. Sylla s'était battu en Afrique pendant de nombreuses années et il avait appris à ne pas croire aux monstres.

Les légionnaires étaient pareils à leurs chefs, aux Scipions, à Manlius, à Censorinus, Q. Caecilius Metellus, Caius Marius, Sylla, auxquels Rome doit la conquête de la Libye, de la Numidie et de la Mauritanie. Les vétérans des guerres puniques et des guerres de Jugurtha étaient les mêmes qui avaient défait les Étrusques, les funèbres Étrusques dont

Virgile nous a laissé un admirable portrait en la personne de Mézence ; les mêmes qui avaient repoussé les féroces Gaulois à la chevelure rousse et aux casques ornés de cornes de bœufs de l'autre côté du Pô et des Alpes ; les mêmes qui avaient chassé les mercenaires de Carthage hors de Sicile, de Sardaigne et de Corse ; les mêmes que, plus tard, César mènera de victoire en victoire à travers les Gaules jusqu'au cœur des îles Britanniques. Des hommes simples, purs, inébranlables dans les batailles, sévères dans la répression, mais humains, travailleurs, cordiaux dans leurs rapports avec les habitants des pays conquis : en bref, des hommes, dans le sens le plus humain du mot, comme le sont aujourd'hui encore les paysans et les montagnards de la Ciociarie, des Abruzzes, de Calabre, d'Ombrie, de Toscane, d'Émilie, où, durant toute la période républicaine, une bonne part du nerf des légions était recrutée. Seuls des hommes simples et purs pouvaient réussir à faire de l'Afrique ténébreuse un pays humain où les vignes, les oliviers et les maisons blanches, construites entre les jardins en bord de mer ou aux portes du désert, évoquaient les doux villages de l'Italie lointaine, mère d'avoine et de troupeaux.

Quand on affirme que les légionnaires romains ont donné la civilisation latine au monde, il ne faut pas comprendre que ceux-ci ont seulement apporté le droit romain aux peuples vaincus. La civilisation latine ne veut pas uniquement dire administration publique, organisation militaire, politique et sociale, elle n'est pas faite que de lois, mais aussi d'us et de coutumes, de connaissances pratiques et artistiques. C'était l'agriculture qui fleurissait en premier dans les Provinces, sous la protection des lois et des armes de Rome. Les légionnaires étaient à la fois soldats et paysans. Et jamais, nulle part, les talents militaires et civils et la nature paysanne des légionnaires ne se sont trouvés en aussi parfaite harmonie que dans les Provinces africaines. De leurs contacts avec les populations indigènes, Berbères de Libye, de Mauritanie, de l'Atlas, non seulement une conception de la vie plus humaine et plus équitable naissait, dans tous ses aspects civils, religieux et pratiques, une nouvelle conception de l'État et du citoyen, et de leurs rapports, mais toute une civilisation agreste se développpait, une civilisation typiquement latine, qui transformait peu à peu les coutumes et l'esprit des peuples, la structure de leur économie, leurs liens sociaux, religieux, familiaux, l'aspect même du pays.

Des temples, des édifices publics, des forums, des thermes, des théâtres, des gymnases, des marchés surgissaient. Des routes splendides – sur lesquelles passe aujourd'hui le tracé des grandes artères asphaltées de la Tripolitaine, de la Tunisie, de l'Algérie, du Maroc – coupaient les immenses étendues d'oliviers et de vignes où il n'y avait auparavant que désert et bruyère. Des villes toutes en pierre se substituaient aux villages berbères, aux anciennes cités grecques et phéniciennes aux murs de briques et d'argile cuite au soleil. Et bien que les Romains, de par leur nature et leur discipline, fussent réticents aux rapports de promiscuité de toute sorte, une fusion morale et sociale admirable régulait leurs contacts avec les populations autochtones. Une sorte d'alliance civile, de pacte sacré, de lien juridique. À ce propos, on peut dire que les Provinces africaines sont le lieu où la civilisation latine a donné ses meilleurs fruits, les plus harmonieux et les plus durables. Et malgré les innombrables invasions auxquelles l'Afrique a été sujette depuis les temps de la décadence romaine jusqu'à hier, il est surprenant d'observer combien le souvenir de Rome est encore vif, non seulement dans certaines coutumes, certains rites, et en général dans tous les arts qui ont à voir avec l'agriculture, mais jusque dans la langue. De Cyrène au río de Oro, pour désigner l'Européen, les indigènes emploient encore le mot *Rumi*, Romain.

Le regretté maréchal Lyautey, grand conquérant et ordonnateur français du Maroc, a écrit qu'en Algérie, en Tunisie et jusqu'aux pieds de l'Atlas l'influence romaine a été bien plus profonde et durera sans aucun doute bien plus que l'influence arabe. Partout, des colonnes, des chapiteaux, des statues, des autels votifs, des monuments funèbres, des arcs de triomphe, des mosaïques, des armes, des pièces de monnaie, des dallages de routes impériales émergent du sable. Il y a quatre-vingts ans, les paysans sardes et siciliens qui introduisirent l'olivier, la vigne, le blé, les légumes en Tunisie et en Algérie ne faisaient que reproduire, plus de deux mille ans plus tard, la tradition chère aux légionnaires de Rome : sur toutes les rives de la Méditerranée, particulièrement dans les Provinces africaines, ils avaient donné aux terres conquises cet aspect familier de leurs villages italiens, de leurs champs, de leurs vignes, de leurs oliveraies, de leurs jardins, de leurs maisons tranquilles, illuminées par la flamme jaune des meules de paille. Quel que soit l'endroit du monde où ils apportaient les marques de l'*Urb* et où ils fondaient l'ordre romain sur la loi et sur la paix, c'était l'Italie, un pan vif d'Italie, que les légionnaires reconstruisaient de l'autre côté de la mer. La signification moderne de « colonie » était inconnue des Romains. L'Afrique était leur *Province*, pas une « colonie ». La civilisation qu'ils apportèrent aux populations berbères était une civilisation souriante, familière, qui, bien vite conjuguée à la civilisation grecque irradiant d'Alexandrie, donna naissance à cette culture, à cette vie civile élevée, d'où devait provenir un des plus grands empereurs, Septime Sévère, né à Leptis Magna, et saint Augustin, le plus grand théologien du catholicisme.

Fable éternelle, humaine, de l'histoire de Rome ! Comme tout continue, et tout recommence, chaque jour, dans chaque lieu où Rome a laissé l'empreinte de son pied nu ! Admirable destin des Italiens, nés pour toujours marcher, et partout, sur des terres qui portent encore la trace de leurs aïeuls. Et ce sont toujours les mêmes, qu'importe le lieu et qu'importe l'époque, ces Italiens simples, purs, travailleurs et courageux, paysans et soldats, les mêmes aujourd'hui encore, comme quand ils débarquaient sur les littoraux de Carthage, de Numidie, de Mauritanie, et élevaient immédiatement des autels, et allumaient des foyers, et semaient du blé, et transplantaient des vignes et des oliviers dans les terres que les géographes dessinaient d'un trait incertain, sous le cartouche *Hic sunt leones*. L'image que la mémoire des peuples a conservée d'eux n'est pas celle des vétérans armés de boucliers figurant sur les bas-reliefs sculptés sur les arcs de triomphe, mais celle des légionnaires paysans qui portaient un petit sac d'épeautre accroché à leur ceinture, des outres pleines d'huile et de vinaigre, et qui allaient vers les monstres de l'Afrique en riant et en plaisantant, comme nos fantassins d'hier et d'aujourd'hui.

Des Abyssins à Arezzo

Ça faisait de nombreuses années que je ne m'étais plus endormi dans une église. Mais, ces derniers temps, ça m'est arrivé deux fois : saint Bernard dirait que j'ai la conscience tranquille. Il y a deux mois, de passage à Florence, j'étais entré dans Santa Maria del Fiore, je m'y suis endormi sur un banc ; et j'ai vu en rêve Jean Haccoude à cheval sur un nuage d'encens, armé de son bâton et de son nez dépité, se détacher du mur du fond, près de l'entrée. Il me semblait que ce cavalier me ressemblait, qu'il avait les mêmes yeux que moi, le même front, le même visage : que c'était vraiment moi. Mais me souvenant tout à coup que Jean Haccoude était anglais (certaines pensées, dans le sommeil, vous tombent soudain sur la tête comme des tuiles), je me réveillai en sursaut et, regardant autour de moi plein de soupçon, je fis ce que dit Pétrarque : je partis en fuyant et rempli d'effroi.

Et ce matin, l'église San Francesco est si tiède, l'air est si froid au dehors (le Casentino apparaît tout glacé de neige et le mont Alverne ressemble à un nuage blanc dans le ciel verdâtre) qu'assis dans l'abside, devant les fresques de Piero della Francesca, je sens le doux fleuve du sommeil m'envahir peu à peu. Les femmes, les palefreniers, les courtisans, aux gestes arrêtés, figés dans une soudaine immobilité mortelle, qui se pressent dans la *Victoire de Constantin sur Maxence*, dans la *Défaite de Chosroès*, dans la *Mort d'Adam*, dans la *Rencontre de la reine de Saba et du roi Salomon*, commencent à bouger doucement devant mes yeux, avec une prudence insidieuse. Et voilà que je m'endors, et immédiatement une immense perspective d'arbres, de colonnes, de montagnes, et, là, au fond, à peine visible dans une lumière trouble aux ourlets effilochés comme une bande de gaze, une ville grise et rosée m'apparaît, peuplée d'hommes et d'animaux étranges. Nous y voilà, pensé-je. Et je me fais tout petit pour ne pas me faire remarquer par cette foule de gens qui s'avance vers moi en procession.

À présent, un ciel limpide oscille au-dessus de la campagne lavée par la pluie et battue par le vent. L'aspect de ce paysage me semble analogue à celui du village arétin. Des oliviers argentés s'estompent tendrement sur le vert timide des champs, où brûlent les flammes rouges des saules. De noirs cyprès filent sur la ligne des coteaux, et les maisons des paysans, les murs des potagers, les petites églises à l'ombre des noyers et des peupliers blanchissent à l'improviste à côté des meules de paille, ruches d'or. Mais quel est donc ce lac que j'aperçois briller, là-bas, entre les arbres ? Cette ville, là, au fond, est sans aucun doute Arezzo : mais ce lac, me demandé-je, d'où est-il sorti, qui l'a mis là ?

Et voilà que le cortège de la reine de Saba arrive le long des rives. Un soleil transparent, un véritable soleil toscan, illumine les robes de soies, les chairs couleur de lait et de miel, les visages souriants des Éthiopiens, des esclaves, des écuyers, des scribes, qui accompagnent cette Taytu[1] de l'Antiquité vers le palais de Salomon. Ô Piero della Francesca, ce sont donc bien eux, tes célèbres Abyssins d'Arezzo ? Ces yeux doux, ces visages clairs, cette peau tendre, ces mains d'albâtre, ces fronts de lys, toutes ces coiffes, rubans, nœuds, dentelles, ceintures, ces manteaux tombant des épaules avec une grâce si désinvolte, abandonnés sur les talons dans une longue traîne moelleuse, certains argentés, d'autres couleur de fraise, ces robes de velours clair, ces vêtements verts et bleus, ces ceintures blanches et rosées, où les as-tu vus, dans quelle Abyssinie les as-tu dénichés ? Et ce petit page maure, debout derrière la reine de Saba agenouillée devant le bois de la Croix, ce petit page enrubanné de bandes d'un beau vert printanier et d'un rose timide de ciel à l'aurore, qui se tient droit, le buste tendu, derrière cette Taytu aux cheveux blonds enveloppés dans la lumière brumeuse d'un voile immaculé, au grand front arrondi, au visage

---

1. Taytu Betul, femme du négus Ménélik II (NdT).

très doux, aux mains de cire unies dans le geste chrétien de la prière, ce petit page, donc, et cette reine, voudrais-tu par hasard nier que tu les as rêvés ? Et ces palefreniers aux larges chapeaux à l'espagnole enfoncés sur le front, ces chevaux blancs ou bais, bardés de velours rouge, tu veux peut-être me faire croire que ce sont les écuyers et les chevaux de Ménélik ?

Ô Piero della Francesca, je ne m'attendais vraiment pas à ça de ta part. Mais dans quel monde vivais-tu ? N'avais-tu pas lu Hérodote ? Crois-tu que ton Abyssinie, si blanche et si rose, si douce, si – disons-le – genevoise, est ce pays mystérieux qu'Hérodote nous décrit, peuplé de cruels Pygmées à la tête et au ventre énormes, dont on disait déjà qu'ils comptaient parmi les hommes les plus sauvages de la terre ? Un pays habité par des hommes noirs, par des vautours, par des monstres de toute espèce. As-tu bien lu, dans le deuxième livre de l'*Histoire* d'Hérodote, celui consacré à Euterpe, la fable des deux cent quarante mille Automoles du roi Psammitichus ? Et dans le troisième livre, consacré à Thalie, la description de la célèbre Table du Soleil ? La Table du Soleil était une grande prairie proche du palais du Roi des rois, recouverte de viande bouillie qui, plus on la coupait, plus elle repoussait, comme l'herbe. Et dans le quatrième livre, consacré à Melpomène, ne te souviens-tu pas des Troglodytes, les hommes les plus rapides de la terre, qui se nourrissaient de lézards et de serpents, et dont le langage ressemblait au cri des chauves-souris ?

Ce sont eux, vraiment eux, les véritables Abyssins, pas ceux que tu as peints dans le cortège de la reine de Saba. Et les grues, ne te souviens-tu pas des grues ? Même Homère en parle : « Où est Neptune ? demande Jupiter dans l'Olympe, aux dieux rassemblés en parlent autour de son trône. Où s'est caché Neptune, qu'on ne voit pas ? » Comme il le faisait tous les ans en cette saison, Neptune était allé en Éthiopie pour assister à la lutte entre les grues et les Pygmées. Et Hérodote raconte que chaque année, à l'approche de l'automne, quand la première neige recouvre les rives gelées de la Scythie et que les peupliers forment une tache blanche et rosée dans les forêts de sapins, le peuple des grues abandonne les cieux froids du septentrion, et vole vers les montagnes éthiopiennes. Les grues arrivent sur les hauts dômes rougeâtres, sur les vallées boisées, sur les plaines vertes de doura. Cachés parmi les rochers, dans l'épaisseur des fourrés, dans les lézardes profondes où grondent les torrents encore gonflés de la dernière pluie, sous les candélabres éteints des euphorbes, derrière les murets à sec qui entourent les misérables villages des hauts plateaux, les Pygmées attendent au tournant les grands oiseaux aux ailes argentées. Et voilà que les premières flèches effleurent les plumes du cou et du jabot, que les premières gouttes de sang éclosent sur cette douce blancheur. Le bruissement des ailes emplit la vallée d'un écho métallique sonore.

Je les vois, ces grues héroïques : elles ressemblent à des machines de guerre ailées. Elles fondent en tournant sur les défenses ennemies, se jettent, le bec tendu, répondent par de brefs cris de joie aux coups et aux injures des adversaires. À présent, les Pygmées courent par bandes en tous sens, apeurés et terribles, ils s'éparpillent en criant dans les épais fourrés, s'enfuient par les flancs escarpés des montagnes et, de temps en temps, ils s'arrêtent, s'aplatissent, tendent leur arc, et des nuées de traits s'élèvent en sifflant. Des gouttes de sang pleuvent du ciel sur les visages haineux des Pygmées, quelques plumes argentées tournoient dans le ciel, et le soleil, dardant de biais le vol foudroyant des grues, frappe de rayons pourprés les ailes blanches tendues. Puis la vision s'évanouit peu à peu dans une perspective lointaine de forêts et de montagnes, et les reflets poussiéreux du crépuscule illuminent les bandes de Pygmées en fuite sous le vol rasant de ces oiseaux guerriers.

Il est bien dommage, ô Piero della Francesca, que tu ne te sois pas souvenu des grues et des Pygmées d'Hérodote. Ces petits monstres cruels aux têtes énormes et dodelinantes sur leur ventre obèse n'auraient pas détonné dans le cortège de la reine de Saba, sous un triomphe d'ailes d'argent. Et te semble-t-il vraiment qu'elle s'est passée ainsi, comme tu la peins, la rencontre historique entre le roi Salomon et cette Taytu d'un autre temps ?

La reine de Saba s'approche de Salomon, et elle s'incline ; et tout se passerait à merveille si mon imagination ne corrigeait pas en rêve les erreurs de ton pinceau. Je plisse les yeux et je vois soudain que la barbe du roi Salomon raccourcit tout doucement, se retire, rentre dans ses joues et, là où auparavant le poil royal bouclait orgueilleusement, une tendre peau laquée de feuilles de rose luit désormais. Mais ce n'est pas le visage de Salomon ! C'est le visage d'Eden, de Mr Anthony Eden ! Je me tourne vers la reine de Saba, et je m'aperçois qu'une barbe noire et luxuriante pousse à vue d'œil sur ces joues douces et lisses. Mais ce n'est pas le visage de la reine de Saba ! C'est le visage du négus, le visage d'Hailé Selassié ! Je comprends tout, maintenant, ô Piero della Francesca. Ceci n'est pas la rencontre du roi Salomon avec la reine de Saba, mais de Mr Anthony Eden avec le Roi des rois. Et nous ne sommes pas à Arezzo, mais à Genève. Ces personnages graves, autour d'Eden et du négus, sont bien sûr les Patriarches de Genève, avec leur double menton tout frais et leur œil bovin, leur visage gras et leurs mains curiales. Maintenant, d'accord, l'histoire tient la route. Mais pourquoi ces déguisements, ces barbes postiches ?

Et voilà que, soudainement, un bruissement d'ailes volantes emplit le ciel trouble. Un vol de grues fond sur cette fête de famille, et ils rétrécissent tous, tous deviennent des nains à la tête et au ventre énormes, ils s'accroupissent derrière les arbres et les colonnes, ils s'éparpillent en criant le long des rives du lac. « Attrape-les ! Attrape-les ! » me mets-je à crier, me lançant à la poursuite de ces nains trottinant. Mais, au plus beau de la course, je m'éveille subitement. Je regarde autour de moi avec un soupir de soulagement, je sors de l'église dans l'air frais et brillant. Ce bruissement d'ailes m'accompagne au-dehors. Je lève les yeux et, face au Casentino blanc de neige, un vol d'aéroplanes d'argent passe dans le ciel verdâtre. Il n'y a pas de doute, ce sont bien elles, les braves grues d'Hérodote.

Éthiopie, pays chrétien

Debré Markos, juin

Quiconque regarde de près le monde pittoresque du clergé éthiopien, des églises, des couvents, des sanctuaires, des processions, des danses sacrées, des fêtes et cérémonies religieuses pensera de prime abord (s'il n'est pas aidé par l'intelligence, la culture et le respect dû aux croyances d'autrui) qu'il se trouve face à une sombre mascarade.

Ces groupes de prêtres enveloppés dans leurs tuniques blanches, noires, rouges, vertes, leur grande mitre en toile de lin posée haut sur leur front, leurs barbes sales entourant une bouche pourpre aux lèvres gercées et noires de mouches, et leurs grandes croix d'argent ou de bronze (les *masqals*) pressées contre leur poitrine, leurs visages impassibles, ombragés par les parasols bigarrés de vert, de rouge, de jaune n'ont pas de quoi inspirer la sympathie à quelqu'un qui n'aurait pas suffisamment d'intelligence et de culture pour questionner et comprendre la place de l'élément religieux dans les problèmes éthiopiens. Face au spectacle du clergé abyssin, le premier mouvement qu'on observe chez de nombreuses personnes est un mouvement de méfiance et de répulsion. Le mot « imposteurs » est le premier qui vient à la bouche des observateurs frivoles et superficiels. Je n'arrive pas à comprendre en quoi consisterait cette imposture. Et je ne comprends pas ce qu'on pourrait attendre d'un clergé dont l'objet n'est pas la culture théologique, mais une foi ingénue, une foi admirable et terrible, qui a fait de l'église éthiopienne, pendant plus de quinze siècles, la seule force vive et effective pour la protection de la chrétienté en Afrique.

Le clergé éthiopien, quoique affreusement ignorant, quoique sale, fainéant, quoique plein de défauts sordides, mérite le respect de tout homme civilisé, de tout chrétien intelligent, j'entends. Il mérite d'autant plus le respect de nous autres Italiens parce qu'il est désormais devenu un élément vital de notre Empire. Il va de soi qu'il n'y a pas de comparaison possible, même lointaine, entre la dignité de l'aspect, des manières, du langage d'un prêtre copte et d'un bon curé catholique : au premier contact, on ne peut surmonter une certaine inquiétude, qui provient de cet étrange accouplement entre la Croix et la couleur noire du visage. Et ce n'est qu'après une longue habitude, avec l'exercice quotidien de l'autorité et du prestige d'homme blanc (même sans être détenteur de charges ou de fonctions officielles, mais par le simple fait d'être

« blanc », *farenji*, ouvrier, chauffeur, paysan) que l'on réussit à établir une relation de compréhension réciproque entre sa propre civilisation et la civilisation éthiopienne, représentée par le clergé.

Les premiers prêtres que j'ai rencontrés lors de mon voyage à travers l'Éthiopie, étaient debout au bord de la route qui mène à Gondar, près du pont Mai Buié, dans la plaine des Serpents. L'air était immobile, dur et chaud, tout lézardé comme un vieux mur blanchi à la chaux. Une candeur éblouissante dissolvait les ombres. Le ciel s'incurvait au-dessus de nous comme la voûte d'une coupole, et les frissons bleus, qui perçaient brièvement la candeur aveuglante de cette voûte, ressemblaient aux frissons des lézards sur le blanc caniculaire d'un mur. La grande toile d'araignée poussiéreuse du soleil s'étendait sur les fourrés d'acacias ombellifères, sur les buissons de ronces, sur l'architecture squelettique des euphorbes. Ils étaient immobiles sur le bord de la route. Le visage coupé par le jaune, le vert, le rouge de leurs parasols. Les lèvres noires de mouches, les yeux grouillants de mouches. Les mains recouvertes de croûtes. Leurs barbes bouclées couvraient le haut des *masqals* d'argent. Nous nous arrêtâmes à quelques pas d'eux, là où un groupe d'ouvriers fauchait le foin (un foin dur, coupant, jaune paille) pour le commissariat militaire. Ils étaient une dizaine, quelques-uns des Pouilles, d'autres des Abruzzes, et un surveillant, des Abruzzes lui aussi, d'un village près de Pratola Peligna. Les fusils des ouvriers étaient attachés en botte près d'un tronc d'acacia. Ils fauchaient ce foin dur, piquant, poussiéreux, et ils riaient, parlaient à voix haute, et s'interrompaient de temps en temps pour essuyer leur sueur : et faisant ce geste, ils regardaient autour d'eux, passant leurs mains larges et plates sur leurs bras et sur leur torse nu. Mon chauffeur regarda les prêtres immobiles à une trentaine de pas, et dit :

— Bande de chiens !

— Pourquoi ? lui demanda le surveillant ; pourquoi en as-tu après ces prêtres ?

— Je n'en ai pas qu'après eux ; j'en ai après tous ces sales prêtres noirs.

— Et pourquoi ? Ils t'ont fait du mal ?

— Pas à moi, répondit le chauffeur ; mais je ne peux pas les supporter. C'est une bande de chiens. Ils s'entendent avec les brigands.

— Quel idiot tu fais ! Si, au lieu de circuler en automobile, tu vivais ici et tu faisais le même métier que nous, tu te rendrais compte que ces prêtres aussi peuvent nous faciliter la tâche.

Et il se mit à nous raconter ses observations et ses expériences en matière de prêtres abyssins. Ces prêtres, dit-il, étaient venus leur témoigner que la région était tranquille, que le passage des *chiftas* (brigands) vers le Lasta, à travers la vallée du Mai Buié, avait cessé depuis quelques jours, et que les ouvriers pouvaient travailler en toute tranquillité et en toute sécurité. Les prêtres, dit-il, sont les seules autorités indigènes sur qui on peut compter. Bien sûr, il faut gagner leur amitié. Et pour gagner leur amitié, il suffit de se montrer respectueux envers leur religion.

Je ne m'étonnai pas qu'il parlât avec une telle sensibilité, un tel bon sens et une telle compréhension d'un problème que beaucoup de gens ne comprennent pas, ou négligent, ou ont l'air de négliger. Ce surveillant était abruzzais, et, comme tout le monde le sait, les Abruzzais sont le peuple le plus religieux d'Italie, le plus proche, en un certain sens, de l'origine commune magique des religions, et de la part magique et empirique qui a survécu dans le catholicisme même. N'étant pas un homme de culture, mais un homme simple, un bon ouvrier, un paysan plein de naturel et de bon sens, il ne nourrissait aucun préjugé, aucun zèle déplacé envers les prêtres coptes et envers la religion éthiopienne.

Beaucoup de gens croient que, pour affirmer la supériorité de notre race et de notre civilisation sur les peuples de l'Empire, il est nécessaire de dénigrer à haute voix leurs us, de se moquer de leur religion, de railler leurs coutumes, de mépriser leurs traditions. Cela est non seulement stupide, mais, d'un certain point de vue, délictueux : puisque c'est parfois une telle attitude (en rien impériale, soit dit entre parenthèses) qui créée les *chiftas*. Dénigrer est souvent très facile, puisque ça signifie souvent ne pas comprendre. L'ennui, c'est que les peuples éthiopiens nous comprennent parfaitement, connaissent parfaitement notre psychologie de *farenji*, de Blancs. Leur sensibilité est très grande et très délicate, comme celle des enfants, lesquels sont particulièrement sensibles à l'incompréhension, et à l'injustice qui en dérive souvent.

Dans l'Éthiopie chrétienne, c'est-à-dire dans l'Éthiopie des peuples amhara, c'est justement cette sensibilité qui fait que le problème religieux est un des problèmes fondamentaux de l'Empire. On ne peut se permettre le luxe stupide de ne pas le comprendre, ou de le négliger. Aujourd'hui, on ne peut non plus se limiter à poser ce problème fondamental sur la base des observations superficielles et souvent erronées faites il y a cinquante, quatre-vingts ans, par des explorateurs et des voyageurs (préoccupés presque exclusivement par des problèmes géographiques, et non historiques et moraux), ou sur les rapports des missionnaires d'autres religions, pas toujours objectifs. Le problème religieux en Éthiopie est surtout un problème « colonial ». Heureusement, les ouvriers, les miliciens, les jeunes officiers qui travaillent en Éthiopie à créer non pas une « colonie » mais un « Empire blanc » apportent une contribution extrêmement importante à la compréhension des problèmes fondamentaux éthiopiens, et, donc, du problème religieux. Une contribution faite d'expériences, d'observations directes (destinées à rendre justice de tous les préjugés, toute la rhétorique, tous les jugements superficiels, tout le bagage mental des colonialistes du siècle dernier, en somme), dont l'importance repose sur le fait que le prérequis indispensable à la création d'un « Empire blanc » en Éthiopie n'est pas le mépris, mais la compréhension de l'histoire, de la psychologie, de la morale et de la nature de ces peuples. Parmi les différents aspects à avoir à l'esprit dans l'étude des choses d'Éthiopie, il y en a trois qu'il ne faut jamais oublier. Premièrement : les peuples éthiopiens, c'est-à-dire les Amhara (ceux qui comptent le plus), sont chrétiens et doivent être considérés, étudiés et traités comme tels. Deuxièmement : les Amhara ne sont pas des barbares et encore moins des sauvages. Depuis de nombreux siècles, ils se sont arrêtés au même stade de civilisation que l'Europe carolingienne. Troisièmement : nous sommes allés en Afrique pour créer un Empire blanc en nous servant aussi, bien sûr, d'éléments propres à la civilisation éthiopienne, dont l'un des plus importants est, justement, la religion copte et l'organisation de l'Église copte.

Il est trop facile de refuser de voir dans la religion copte, comme certains le font, les caractéristiques d'une véritable religion. Trop facile d'affirmer que celle-ci n'est rien qu'une religion empirique, un mélange de paganisme, de judaïsme et de christianisme, un paganisme revêtu d'un rituel chrétien, ou pseudo-chrétien, venu de Byzance et d'Alexandrie. Trop facile de nier le fondement chrétien de la religion copte, de nier sa légitimité sur la base des postulats de tel ou tel concile. Si tout cela est juste d'un point de vue théologique, confessionnel, ça ne l'est pas d'un point de vue historique et politique. La religion copte est-elle oui ou non la religion professée par les peuples Amhara, y compris par les Érythréens ? L'Église copte jouit-elle oui ou non d'un immense prestige, et d'une immense autorité sur les peuples éthiopiens ? Oui, sans aucun doute. L'Éthiopie est un pays copte, destiné à rester fidèle à sa religion de toujours, qui a survécu à quinze siècles de guerres, d'invasions, de fléaux. Il suffit de penser aux résultats du travail de propagande réalisé par d'autres religions durant les cinquante dernières années : en ce demi-siècle, les convertis représentent une infime quantité. Attention, de tels résultats ne sont pas dus à des défauts d'organisation des missions, ni à un manque d'esprit de sacrifice chez les missionnaires, dont la ferveur, la ténacité, l'abnégation sont tout simplement admirables ; ni à un déclin de la force de prosélytisme du catholicisme (soit dit entre parenthèses, aujourd'hui, la force de prosélytisme du catholicisme est formidable dans les pays civilisés, comme l'Angleterre, l'Amérique, alors qu'elle régresse dans les pays dont la civilisation est arriérée, comme l'Inde ou l'Éthiopie), mais ils sont dus au fait incontestable que la religion copte est désormais profondément enracinée dans la psychologie, dans la nature même et dans l'histoire des peuples amhara. Lesquels sont chrétiens depuis bien plus de siècles que certains peuples d'Europe : par exemple, ils sont sans aucun doute bien plus chrétiens que les Russes, auxquels on peut facilement les comparer à cause du caractère de leur sentiment religieux, de leur vision du monde naturel et humain, de leur aptitude à interpréter les mystères divins à travers les mythes et les images. Dans le rite et dans l'esprit, il existe une grande analogie entre la religion copte et la religion orthodoxe : ce sont toutes deux des religions empiriques, qui ne sont pas tenues par des dogmes, mais par une discipline rituelle ; et elles sont toutes deux très fortes, malgré leur fluidité et l'absence de structure dogmatique interne ; toute leur force réside dans la puérilité d'âme de leurs fidèles, dans la primitivité de leurs croyances et de leurs superstitions.

La critique de la religion copte ne doit pas non plus être fondée sur le mépris pour le clergé éthiopien. Que les prêtres abyssins soient ignorants, cupides, répugnants, paresseux, cela est évident, et dirais-je, inévitable ; mais je ne comprends pas quelle importance peut avoir cette constatation facile dans un jugement objectif sur la religion éthiopienne. Les défauts du clergé abyssin, tout comme ses qualités, sont communs au clergé de toutes les religions orientales. Pourquoi s'étonner et se scandaliser de l'ignorance et de la saleté des prêtres éthiopiens ? Le fait que nous autres Italiens devons retenir au-delà de toute considération est le suivant : le clergé éthiopien a un énorme ascendant sur les peuples amhara, et, pour cela, c'est un élément politique à ne pas négliger, et même à utiliser à notre avantage. Il ne fait pas de doute qu'il s'agit d'un critère utilitaire et nécessairement réaliste : tout autre critère peut être respectable, mais moins utile et nécessaire aux intérêts impériaux de l'Italie en Éthiopie.

Récemment, le *mamher* (chef des prêtres) de Debré Markos, au Gojam, me disait que la féodalité religieuse, sacerdotale, est bien plus ancienne en Abyssinie que la féodalité militaire et politique. J'ajoute que, selon moi, elle est également plus forte. Aujourd'hui, l'autorité des ras a définitivement décliné. L'organisation féodale, militaire et politique a été renversée pour toujours par la conquête italienne. Ce qui reste de l'ancien monde féodal, c'est le clergé, l'Église copte. C'est une politique éclairée qui sert notre intérêt que de maintenir l'autorité du clergé éthiopien pour l'utiliser à notre avantage. D'autant plus que l'écrasante majorité de nos *ascari*, érythréens et amhara (à l'exception des bataillons arabo-somaliens, musulmans, et des éléments galla, musulmans eux aussi, constitués en bandes) est chrétienne et tient énormément à ses croyances religieuses.

Cette seule considération devrait suffire à nous pousser à refuser, parce qu'ils sont inopportuns et dommageables, les préjugés sur lesquels était fondée, en grande partie, l'attitude de bon nombre des vieux colonialistes du siècle dernier vis-à-vis du clergé éthiopien et de la religion copte. Mais quelle autre considération serait plus valable que celle dictée par la sagesse et l'expérience de la Rome antique ? Les Romains posaient le respect absolu des religions des peuples vaincus comme base de leur politique impériale. Les dieux étrangers devenaient des alliés et des collaborateurs de Rome dans la construction de l'Empire.

La vieille sagesse romaine semble d'autant plus actuelle pour nous si l'on pense que le Dieu des Éthiopiens est le Christ, et que l'Empire italien d'Éthiopie se fonde, et il ne pourrait pas en être autrement, sur le sentiment chrétien de ces peuples.

On peut se fier aux enfants éthiopiens

L'Éthiopie est le pays des enfants. Des enfants partout, drus comme de l'herbe, gais comme des pinsons. Même le paysage (je parle tout particulièrement de celui qui va des hauts plateaux, des lisières du Danakil, en Érythrée, et des frontières méridionales du Gojam, jusqu'à l'extrême limite orientale du Choa) semble avoir été créé pour servir de toile de fond à un immense peuple d'enfants. Je dirais que Dieu, en créant ces montagnes très hautes, ces rivières énormes, ces lacs illimités, ces étendues infinies de pâturages verts, jaunes, pourpres, n'a jamais perdu les enfants de vue pour que le rapport entre la nature et l'enfance, quoique situé sur une échelle gigantesque, ne fût pas disproportionné. Dans ce paysage cyclopéen en parfaite harmonie avec leur petite stature, les enfants évoluent avec une grâce et une fierté qui sont comme le souvenir d'un âge très ancien et fabuleux, désormais mort dans l'esprit des hommes mais toujours vivant dans l'instinct des enfants.

Je suis rentré récemment d'Éthiopie, où j'ai passé quelques mois pour le compte du *Corriere della Sera*. J'ai vécu la vie rude et joyeuse des bataillons d'*ascari*, j'ai participé à quelques combats contre les bandes des brigands Mengesha et Abebe Aragaï. Ainsi, j'ai pu recueillir un matériel regorgeant d'observations directes pour mes articles. Mais mon ambition la plus secrète serait d'écrire un livre sur les enfants éthiopiens. Car c'est sur les enfants, vraiment sur eux, que l'Empire doit être fondé : pas sur les hommes, humiliés et souvent corrompus par des siècles d'esclavage, de pouvoirs écrasants, de saccages, de guerres civiles. Les enfants : voilà notre meilleur appui, nos alliés naturels dans l'œuvre grandiose de civilisation que nous accomplissons en Éthiopie.

J'ai parcouru en tout presque sept mille kilomètres : dont mille cinq cents à dos de mulet, du lac Tana à Addis Abeba à travers le Gojam avec le 9e bataillon érythréen du capitaine Renzulli, et de Debré Birhan, dans le Choa, à travers le Menz et le Merhabété, jusqu'aux cinq rivières et à la citadelle féodale de Sala Dengay. Durant ce long voyage, rude et aventureux, j'ai eu l'occasion d'observer que pour ce qui concerne les enfants, le monde entier est un village. Leur rêve est de pouvoir, un jour, devenir *ascari*, de posséder un fusil, de porter autour de la taille l'écharpe multicolore d'un bataillon d'Amhara ou d'Érythréens.

Le bataillon des *ascari* n'est pas seulement un instrument de guerre. C'est aussi une école, un lieu d'entraînement physique et moral, un instrument de paix et de civilisation. Les *ascari* y apprennent la langue italienne, s'affinent au contact de nos officiers, à l'école de leur exemple, ils se transforment, lentement et profondément, pour s'adapter au moule d'une discipline fondée sur le sens du devoir et de l'honneur. (De ce point de vue, notre règlement militaire pour les troupes indigènes est un véritable chef-d'œuvre, un modèle du genre.) Pour les enfants éthiopiens, le bataillon des *ascari* est un excellent instrument de préparation prémilitaire. En effet, si la limite d'âge d'enrôlement est fixée à quinze ans, il est toutefois permis aux *ascari* d'avoir des *gurba*, c'est-à-dire de petits assistants, des enfants qui suivent les bataillons en « jouant à la guerre », et qui, en même temps, s'instruisent, apprennent notre langue, notre règlement de discipline ; de vrais petits soldats qui un jour seront *ascari*, auront un fusil, une cartouchière, une écharpe, se battront pour nous, « pour le gouvernement italien puissant et glorieux ». Un jour, quand ils auront quinze ans. Et les enfants de dix, de douze ans patientent, attendant avec anxiété le passage de quelque bataillon pour s'y intégrer, pour suivre les fanions des *boulouks*, les petits mulets piaffants des officiers, les barbiches taillées en pointe des *choumbachis*.

Quand un bataillon d'*ascari* s'approche d'un village, il est accueilli par le cri de l'*elelta* des femmes, l'aboiement des chiens, les bénédictions des prêtres, immobiles sous leurs parasols bariolés. Mais dans le joyeux tumulte de cet accueil amical, le cri de joie aigu des enfants résonne plus fort. Ils sortent par bandes des *toukouls*, des haies d'euphorbes, des hautes herbes dorées, et nombreux sont ceux qui accourent sur des chevaux blancs à la longue échine arquée, en agitant les bras et en appelant leurs compagnons à se rassembler. Ce sont des enfants à demi nus, au ventre plat, aux flancs maigres, aux bras fins. Le *tchica* (chef) du village offre les présents rituels ; les jeunes filles apportent des corbeilles d'*injera* (fougasse de *tef*), des fiasques de lait acide et de *tella* (bière), des pots de miel, des petits sachets de *berbéré* (piment moulu, d'une belle couleur rouge-or). Les officiers remercient, donnant de l'argent au chef de l'église, et le bataillon se remet en marche en chantant le *walalié* (un refrain populaire). Mais il y a toujours une bande de gamins pour suivre le bataillon, pour se glisser parmi les *ascari* et, ainsi, peu à peu, de village en village, le bataillon se renforce de volées d'enfants de dix à quatorze ans qui quittent leur pauvre village, vont à la guerre, veulent devenir soldats. Après quelques jours de marche, une transformation s'est accomplie en eux : leurs membres nus se couvrent de vieilles vareuses, de vieux pantalons, d'écharpes, de képis. Les *ascari* leur donnent des lambeaux d'étoffe, des pièces d'habillement usagées, et pourvoient à l'alimentation de leurs petits amis en prélevant sur leur propre ration de farine, de sucre et de thé. Les enfants des bataillons changent de nom : ils ne s'appellent plus enfants, ils s'appellent *gurba*. C'est un nom qui leur est donné comme un grade, un galon, une médaille.

Chaque bataillon a ses *gurba*. Parfois, il en compte cent, deux cents, trois cents. Ils forment presque une unité en soi, une sorte de bataillon complémentaire. Leur bagage est constitué de pots, de cafetières, de petites boîtes vides, de fagots de bois : ils portent parfois en bandoulière une couverture enroulée, et ils ont tous un calot kaki sur la tête, des bandes autour de leurs jambes maigres, et de petites vestes militaires, taillées par leurs soins dans de vieilles vareuses. Bien sûr, ils ne sont pas armés. Au mieux, ils tiennent bien serré dans leur main, comme si c'était un javelot, l'un de ces bâtons longs et rigides que tous les Éthiopiens portent en équilibre sur l'épaule. Tout *ascari* qui se respecte a son *gurba* : sorte de valet qui, une fois le campement atteint, aide à monter la tente, allume le feu, va chercher de l'eau, met la théière sur la flamme, pétrit la farine pour la *burgutta* (fougasse de blé), et veille en même temps à faire chauffer à blanc un caillou rond autour duquel il enroulera la pâte. Durant les marches, ils avancent par petits groupes en bavardant entre eux. Le bavardage infantile donne de la fraîcheur à la chaleur intolérable de midi, de la joie aux campements, accompagne en sourdine le crépitement des fusillades. La nuit, étendus sur le seuil des tentes, ils rêvent d'avoir un fusil et une belle cartouchière éthiopienne en bandoulière, ou enroulée autour de leurs hanches sur l'écharpe aux couleurs du bataillon.

Petits, maigres, une touffe de cheveux semblable à la crête d'un oiseau de montagne sur leur crâne rasé, une bouche large, des yeux ronds et blancs dans leur visage cuivré, il faut les voir quand les premiers coups de fusil trouent l'air. Au cri de guerre des *ascari*, aux notes tristes et guerrières de l'*achanféré* (chant de guerre), répond le cri de joie des *gurba*. Les combats sont désormais finis dans toute l'Éthiopie, qui s'organise rapidement selon les lignes sobres de son architecture impériale classique ; mais des affrontements avec les brigands, même s'ils sont rares, ont parfois lieu dans les régions éloignées des grands axes de circulation. À l'approche des bataillons d'*ascari* envoyés pour ratisser les zones suspectes, les pillards s'enfuient d'une région à l'autre avec une rapidité incroyable et, dans leur fuite, ils saccagent les villages, incendient les récoltes, sèment la misère, la destruction et la mort dans la population pacifique. Il faut les suivre dans des marches très rudes, qui durent des jours et des jours, les surprendre par des manœuvres fulgurantes, les « accrocher » et, alors, leur donner une bonne raclée à l'improviste.

Les *gurba* participent presque toujours à ces combats en tant que simples spectateurs mais, parfois, en tant que véritables acteurs. Debout, droits sur leurs jambes écartées, ou assis par terre, adossés à une haie d'euphorbes, ou aplatis sur quelque rocher en surplomb, ou à cheval sur des branches d'arbres, les *gurba* suivent l'avancée du combat, les yeux grands ouverts, brillants d'admiration et de désir, serrant leur long javelot de bois dans leur main. D'autres s'affairent à tendre une gourde d'eau, des chargeurs, des *gurades* (sortes de cimeterres), des petits sacs de grenades à leurs amis *ascari*. D'autres fouillent dans l'herbe autour des mitrailleuses pour récupérer les étuis des cartouches. Et tous brûlent de l'envie folle de risquer eux aussi le tout pour le tout derrière les *ascari* qui vont à la contre-attaque.

Mais la plus belle scène à laquelle j'ai assisté m'a été offerte dans le Menz, sur le Chimbré, alors que je participais avec le 5ᵉ et le 10ᵉ bataillon érythréen à la chasse au tristement célèbre brigand Abebe Aragaï. Sur le Chimbré, nous avions accroché l'arrière-garde du vieux pillard Auraris, formée de cavaliers galla du village de Mocrea. Ils devaient être un millier. Le 5ᵉ bataillon, commandé par le colonel Quirico, les affronte et les disperse. Mais ils se réunissent deux milles plus loin, à quelques centaines de mètres en dessous de nous, sur une terrasse herbeuse, suspendue au-dessus de la vallée du Beresa. Ils galopaient sous notre feu, par la grande cuvette verte, sur leurs chevaux blancs, à la recherche d'une issue, quand voilà que les *gurba*, qui contemplaient ce superbe spectacle avec admiration et envie, découvrent là-bas, dans l'épaisseur d'une claire forêt d'eucalyptus, une lueur d'yeux, de petites marmites et de petites boîtes en fer-blanc. Ce sont les *gurba* ennemis ! Quelquefois, les brigands aussi ont leurs *gurba* : ils les entraînent avec eux comme de petits esclaves, après avoir massacré leurs familles, brûlé leurs villages.

À peine nos *gurba* eurent-ils aperçu les adversaires qu'ils se lancèrent avec un cri de joie sur la pente escarpée et, ayant traversé en courant la verte cuvette, ils se jetèrent en levant leurs longs bâtons sur les pauvres *gurba* ennemis. Le désordre fut immense ; mais je crois qu'ils ne se firent guère mal, quelques égratignures seulement. C'était une sorte de tournoi, de manège, d'où toute âpreté, tout accent de haine étaient bannis. C'était un jeu, qui n'avait que l'apparence d'une guerre. Les quelques coups de bâton qui échappèrent des mains des nôtres, ce furent les adversaires qui les prirent : car, peu après, nous vîmes nos jeunes troupes revenir en arrière en poussant devant eux une petite colonne de prisonniers. Les *gurba* défaits arrivèrent à notre campement, et ils se mirent au garde-à-vous, le regard courageusement planté dans celui du colonel Lorenzini, commandant de la 2e brigade érythréenne, qui les interrogeait d'une voix paternelle.

— Voulez-vous rentrer chez vous ?

Ils faisaient tous signe que non. Ils n'avaient plus de maison, ils n'avaient plus de famille.

Le colonel Lorenzini dit :

— Très bien, je vous garde avec moi. Mais si vous n'êtes pas sages, si vous manquez de discipline, je vous renverrai.

Tous ces marmots disaient : *échi* ! *échi* ! ce qui voulait dire oui, oui.

— Et dans quelque temps, poursuivit le colonel, quand vous aurez quinze ans, si vous êtes sages, disciplinés et courageux, je vous enrôlerai dans mes bataillons, je vous donnerai un fusil pour vous venger des brigands.

Les *gurba* crièrent : *arrai* ! ce qui veut dire hourra.

— Et à présent, rompez les rangs dit Lorenzini, et il avait l'air ému.

Les *gurba* ne sont pas seulement des enfants courageux : ils sont également intelligents. D'une intelligence vive, un don d'observation vraiment hors du commun. Un jour, je demandai à un *gurba* du 10e bataillon s'il savait ce qu'est un chat.

– Oui, monsieur, me répondit-il ; le chat est un animal carré, qui a une patte dans chaque coin.

À un autre qui me montrait un écureuil qui avait grimpé à la cime d'un arbre, je demandai s'il savait quelle race d'animal c'était.

– Oui, monsieur, me répondit-il ; c'est cet animal qui ressemble à une cafetière italienne.

Et l'observation, cette fois encore, était très juste.

Leur intelligence reste infantile, malgré la vie rude, la dignité et la conscience qu'ils acquièrent de l'enseignement quotidien des marches, des efforts, des dangers. Et leurs instincts les plus profonds, leurs désirs les plus secrets restent puérils. Les *gurba*, cet inégalable vivier de futurs *ascari*, restent enfants au sens le plus élevé, c'est-à-dire le plus commun du mot : c'est en cela que consiste leur grâce, le charme même de leur courage.

Un soir, près de Sala Dengay, dans le Choa, et plus précisément dans la cuvette de Sasit, nous avions installé le campement près d'un village abandonné. Nos *ascari* rôdaient autour des *toukouls*, à la recherche de bois pour allumer le feu. Je vis un petit groupe d'*ascari* entrer dans une cabane. L'un de nos *gurba* les suivit, entra lui aussi. Peu après, les *ascari* sortirent, emportant avec eux quelques paniers d'*injera* et une flasque de lait acide. Ils semblaient heureux de leur maigre butin inespéré. Le *gurba* sortit en dernier : il serrait contre sa poitrine quelque chose qui ressemblait à un morceau de bois enveloppé d'un chiffon. Il rayonnait, une pointe de timidité et de jalousie dans son regard.

— Fais-moi voir, lui dis-je.

Réticent et suspicieux, le *gurba* me montra l'objet. C'était une poupée de chiffon, une sorte de poupée noire : un fétiche, peut-être. Mais, pour cet enfant, c'était un jouet. Même les *gurba*, ces petits soldats d'Éthiopie, ont une passion pour les jouets – en attendant d'être grands, et de pouvoir serrer un beau fusil italien dans leur main.

Ce sont les meilleurs
qui meurent à la guerre

J'ai été en Éthiopie avec le général Lorenzini au printemps 1939 (à l'époque, Lorenzini était colonel, et commandait la 2e brigade érythréenne), j'ai été auprès de lui durant toute la campagne contre les forces rebelles d'Abebe Aragaï, dans le haut Choa. Et déjà, à l'époque, j'ai essayé de tracer, dans ces mêmes colonnes, un portrait de cet homme extraordinaire entre tous.

Il était né près de Cecina, dans la Maremme, et, enfant, il avait jeté des cailloux sur les cyprès de Bolgheri, débusqué des sangliers dans les fourrés, aux alentours de Volterra, dompté par jeu les poulains sauvages de Follonica. Il était grand et robuste, mais son aspect était simple et débonnaire : celui d'un brave père de famille, d'un bon professeur de lycée, sérieux et grave, avec sa grande barbe grise et ses lunettes. Son visage bon et hirsute apparaissait dans l'ombre, sous le bord de son chapeau tyrolien (il avait été officier chez les Alpins, et il était resté fidèle, même en Afrique, au chapeau à la longue plume). Il chevauchait en tête de ses bataillons d'*ascari* en inclinant sur sa poitrine son épaisse barbe « où le vent, écrivais-je alors, dépose des brins de *tef* et des plumes d'oiseaux, si bien qu'elle ressemble à un nid ». Il avait le visage toujours froncé, mais doux. Les verres formaient un écran brillant devant ses yeux, on aurait dit que son regard était aveugle, et qu'il envoyait des lueurs à la fois. Il ne parlait jamais. Il se taisait pendant de longues heures, pendant de longues journées. Il avait toujours l'air triste.

Ce que j'avais entendu dire de lui dans les mess et les campements de toute l'Éthiopie m'avait donné de ce grand soldat une image un peu maniérée, trop simple et trop facile. En réalité, ce n'était pas, comme beaucoup le croyaient, un homme simple. Sans doute sa complexité comportait-elle quelques éléments mystérieux : je veux dire qu'elle n'était pas remarquable au premier regard, pas perceptible à l'œil. Lorenzini n'était pas seulement un soldat, un grand soldat, c'était plus que cela. (C'était un homme pur, c'était un chrétien dans l'acception la plus haute et la plus sévère du terme.) Et ce plus était un sentiment religieux très fort, un sens extraordinairement pur et fort de la responsabilité qui, dans chaque acte, chaque pensée, revient à toute âme véritablement chrétienne. C'était un timide, Lorenzini, un homme paisible et réservé. Je n'ai jamais rencontré personne ayant comme lui une conscience morale aussi alerte et aussi sévère. Il s'arrêtait longuement sur les pensées les plus simples. Et je dirais qu'il repensait la pensée chrétienne pour l'adapter à ce climat moral barbare, à cette nature cruelle et abstraite à la fois : il la repensait africaine. Face à lui, chacun de nous éprouvait une sujétion instinctive. C'était le seul moyen de le supporter.

Le premier soir où je fus son hôte, à Debré Birhan (où le général Cavallero m'avait envoyé pour que je participasse à la campagne contre Abebe Aragaï), Lorenzini me fit appeler dans sa chambre. C'était une petite chambre, comme une cellule de moine, aux murs de bois. Un petit lit dans un angle, une petite table, une chaise. Accrochée au mur, au-dessus du petit lit, une croix de bois, brute et nue. Lorenzini s'assit sur le lit de camp, m'offrit la chaise. Il me demanda comment je m'appelais. Je lui dis mon nom. Pendant ce temps, il laçait ses chaussures. Il ne me demanda rien d'autre. Il semblait penser à des choses lointaines. Puis il me dit brusquement :

— Bien, nous nous verrons au dîner, alors.

Je me souviens qu'à table, en attendant que les serveurs *ascari* nous servent, il nous regardait tous, l'un après l'autre, d'un regard vague, et pourtant très attentif ; il inclina la tête, resta quelques instants dans cette attitude immobile et douce, puis lentement il rompit le pain, le porta à sa bouche de ses mains graves et lourdes. Tout le monde se taisait. C'était une tablée sévère, un peu triste. Il me demanda d'où je venais.

— Du Gojam, répondis-je.

— En avion, bien sûr, dit-il, clairement sarcastique.

– Non, répondis-je, à dos de mulet ; neuf cents kilomètres à dos de mulet, avec le 9e bataillon érythréen.

J'ajoutai que nous avions été attaqués par les bandes de Mengesha, que nous avions dû combattre.

– Ah ! s'exclama Lorenzini d'un air satisfait.

Puis il dit :

– Le Gojam, quel pays extraordinaire ! Il y a dans le Gojam une région qui s'appelle Feres Bet. Ça signifie « maison des chevaux, pays des chevaux ». Des poulains et des juments blanches, dans les chaumes, à perte de vue.

Et après un moment, il ajouta :

– Moi, je viens de la Maremme.

Il me parla de Feres Bet, où il s'était battu contre Mengesha, comme d'une Maremme africaine. Une fois le dîner fini, il se leva, salua les officiers d'un brusque « bonne soirée » et il alla dormir. Il se couchait tôt, il se levait avant l'aube.

Le lendemain, à six heures du matin, nous partîmes vers les cinq rivières. Pour cette action, que le général Cavallero dirigeait depuis Debré Birhan, le commandement des troupes était confié au colonel Lorenzini. (Entre les bataillons et les *bande*, nous étions presque dix-huit mille hommes, contre les vingt mille d'Abebé Aragaï.)

Durant toute l'action – une vingtaine de jours – j'eus l'occasion de l'observer de près, de le considérer longuement, de surprendre parfois, sans le vouloir, quelques-uns de ses gestes secrets, de ses attitudes de pudeur délicate et mystérieuse. C'était un chrétien, un croyant. Et c'est pour ça qu'il n'avait pas ce mépris conscient que les hommes de guerre ont d'habitude pour la mort. Un chrétien ne peut mépriser la mort. Et il en parlait avec une chaste sérénité, une grande et simple estime, comme d'une personne vivante : oui, vraiment, comme d'une personne vivante, et présente. Il n'y avait pas une ombre de mépris dans sa voix ni dans ses mots : mais cette conscience très belle et familière que les vrais chrétiens ont du fait que l'on doit mourir. Je l'ai vu de nombreuses fois au combat : il s'exposait au danger avec une âme pure. Je veux dire qu'il ne s'exposait pas seulement à cause de ce sentiment de l'exemple, qui est très fort, presque donné par la nature chez les véritables soldats, mais à cause d'un sentiment beaucoup plus subtil, et très pur, absolument gratuit. Je dis qu'il s'exposait à la mort comme si la mort, pour lui, était déjà sûre. Comme si elle lui était promise, certainement par Dieu (et c'est un très beau sentiment, propre aux chrétiens).

Quand nous arrivâmes devant le col du Chimbré et que le crépitement des fusillades commença, Lorenzini descendit de son mulet et se lança à pied dans le sentier étroit, taillé dans la roche abrupte, qui conduit au col. Celui-ci était défendu par un millier de cavaliers galla du vieil Auraris, allié d'Abebé Aragaï. Le colonel Lorenzini marchait au milieu des fusillades, un peu courbé, les mains croisées dans le dos, suivi par ses *ascari* qui chantaient l'*achanféré*. Au bout d'un moment, le chant s'interrompit ; tous se turent. Je me rendis compte que le fait d'aller à l'assaut à pied, tranquillement, comme s'il s'agissait d'une promenade (et c'était la façon de faire habituelle de Lorenzini, une façon bien à lui), inspirait un respect profond et silencieux aux *ascari*. Un grand silence était tombé, on n'entendait que le crépitement des fusillades dans l'air âpre, le tintement des mousquetons qui tapaient contre les cartouchières en bandoulière, le bruissement des pieds nus sur la roche.

Après quelques heures, une fois la cavalerie galla dépassée et enfuie, nous atteignîmes l'éperon extrême du Chimbré, à pic sur l'amphithéâtre des cinq rivières, et nous pûmes baisser notre regard vers la large vallée bleue où les cinq rivières confluent en cinq gorges étroites qui se jettent toutes dans cet immense cercle de hauts seuils de montagnes pourpres. Lorenzini resta longtemps debout, à observer et à écouter la bataille qui s'intensifiait peu à peu entre les hordes d'Abebe Aragaï, armées de fusils mitrailleurs anglais très modernes, et les *bande* de Farello, de Sora, de Timossi, de Giordano, de Criniti. Sur tout l'horizon, des incendies lointains annonçaient l'approche de la bataille. Autour de nous, dans les éclairs bleus et verts du midi immobile, s'élevaient les fumées blanches avec lesquelles les rebelles se prévenaient entre eux de la direction prise par nos colonnes convergentes. « Allons-y, Scavone ! », dit Lorenzini au commandant du 10ᵉ bataillon érythréen. Et il se lança sur le sentier en pente, vers une masse noire de rebelles qui arrivait vers nous en hurlant pour tenter de se frayer un chemin entre nos rangs.

À chaque étape, les populations accouraient de très loin, elles se rassemblaient devant lui, portant une pierre sur le dos ou sur la tête pour lui demander l'*abiet*, pour lui demander justice, et Lorenzini parlait lentement à cette foule muette, de sa voix grave, pleine d'une force extraordinaire. *Échi, échi*, « oui, oui », disait parfois la foule. Son nom suffisait dans tout le Gojam, dans tout le Choa, dans tout le pays amhara, pour inspirer la crainte et la confiance à la fois. Il parlait en inclinant sa grande barbe grise sur sa poitrine, ses bras immobiles le long de son corps, ses yeux doux et clairs mi-clos derrière l'écran de ses lunettes. On aurait dit un moine. Et je repensais souvent à cette étrange légende, qui se raconte partout en Éthiopie : on disait que Lorenzini, jeune, avait été moine, et qu'il avait quitté l'habit pour se battre. Je ne sais pas ce que cette légende comporte de vrai : mais ses officiers eux-mêmes en parlaient comme d'un fait certain. J'aime la répéter à cause de son accent pathétique et populaire. En Sicile, on disait bien que Garibaldi était un moine déguisé en guerrier. Et puis, c'est une légende qui fait de lui une sorte de saint et de héros, une figure extraordinairement noble et pure. Le lieutenant-médecin Ortelli m'assurait que Lorenzini portait le cilice. Ce n'était vraiment pas un homme comme les autres : il était meilleur que nous, que nous tous.

Je me souviens qu'à Sasit, dans le Menz Merhabété, où nous avions monté le camp après avoir vaincu et renversé les hordes d'Abebe Aragaï, Lorenzini accueillit la population debout au sommet d'un mamelon, léger et rond. Un grand vent soufflait, le vent transparent du Choa. Ses paroles lentes et douces volaient dans l'air, et les Éthiopiens les écoutaient attentivement, ils hochaient la tête en disant *échi, échi* ; ils suivaient de leurs yeux brillants chacun de ses gestes, chaque infime changement de son visage. Les *ascari*, accroupis sur le flanc de la colline, leur fusil entre leurs genoux, regardaient par terre en écoutant cette voix grave et douce, comme si elle descendait du ciel. C'était une scène mythique, solennelle et familière à la fois.

Lorenzini était vraiment meilleur que nous tous, et, en sa présence, je sentais ma pauvreté comme une faute, avec un sentiment de responsabilité que je n'avais jamais éprouvé jusqu'alors, face à quiconque. J'ai vécu aux côtés de Lorenzini quelques-unes des heures les plus vraies et les plus humaines de ma vie. Il était devenu en quelque sorte le point le plus vif de ma sensibilité. J'étais auprès de lui durant les longues marches exténuantes au contact de l'ennemi, par les hauteurs et les vallées du Chimbré, par les arêtes du Zendebour, par les hauts plateaux jaunes du Menz Merhabété.

Un soir, sur l'arête du Zendebour, alors que je passais, un pan de sa tente se souleva à cause du grand vent et, par surprise ou par effroi, je l'ignore, je m'arrêtai pour regarder à l'intérieur de la tente : Lorenzini était à genoux et priait. Il me sembla lui avoir dérobé un secret ; j'eus honte de ce hasard, comme si j'en étais coupable. J'étais resté immobile, espérant que le vent se mît à souffler plus fort, pour

pouvoir m'éclipser sans un bruit. Lorenzini était age-
nouillé, les mains jointes. Tout à coup, il tourna son
visage, me vit, se leva, sortit de la tente pour venir
à ma rencontre. Il me fixa en silence. Le vent apportait avec lui l'odeur forte des cadavres éparpillés çà
et là dans les fourrés, sous la lune. Puis il me serra
le bras de sa main forte et chaude et me parla. Il me
dit qu'il avait laissé sa femme et ses deux filles à
Dessié. Il ne les avait pas vues depuis de nombreux
mois. Il dit : « Qui sait quand je les reverrai. » Puis
il se mit à me parler de sa Maremme. Je lui rappelai
à voix basse ce vers du Tasse : *La maremme aux*
suaves parfums et la riche mer. Lorenzini dit : « Il est
beau. » Autour de nous, les hyènes poussaient leur
cri rauque par les étendues funèbres de chaumes
jaunes, par les fourrés sauvages de ronces. Le char-
nier des tués alourdissait le vent dans la candeur
lunaire. C'est ainsi que, cette nuit-là, Lorenzini me
révéla son secret : le secret de sa force tranquille, de
sa sérénité, de sa timidité. De sa sévérité envers lui-
même et envers les autres :

– J'ai une maison à Castiglioncello, dit-il, une
petite maison de rien du tout, je me la suis bâtie
avec ma sueur de soldat, pierre après pierre, sou après
sou. Je suis pauvre, Malaparte.

C'était sa façon de parler de la guerre : comme
d'un dur labeur. Il me dit qu'un jour, quand il se
sentirait fatigué et qu'on le renverrait chez lui, qui
sait ? Il se reposerait peut-être un peu dans sa petite
maison de Castiglioncello, avec sa femme et ses
petites. Il dit vraiment « avec mes petites », comme

si elles devaient rester enfants toute leur vie. Puis il ajouta en souriant :

– Parfois, je crois ne plus être toscan. Comment ferai-je pour redevenir toscan après tant d'années d'Afrique ?

Et il ne se rendait pas compte que cette crainte même était ce qu'il avait de plus toscan.

Je le saluai pour la dernière fois à Sala Dengay. Sala Dengay est dans mon cœur : en hauteur, au-dessus d'un grand rocher à pic, très beau et mystérieux. De tous les châteaux d'Éthiopie, Sala Dengay est le plus pur et le plus magique, dans sa terrible solitude, pleine de la voix du vent, sur un rocher pourpre comme le rocher d'où surgit Mycènes. La nuit était sévère, presque menaçante, comme les nuits de l'Argolide. Lorenzini s'entretint brièvement avec moi, dans la vallée herbeuse qui s'étend sous le rocher. « Au revoir, Malaparte », me dit-il. Je sentais qu'il était peiné de se détacher de moi, peut-être pour toujours. J'étais ému. Je lui dis : « Je t'aime bien, Lorenzini. » Je lui chuchotai ces mots, comme si j'étais enfant et que je les disais à mon père. Lorenzini me fixa en silence. Je l'entendais respirer dans l'ombre claire. Puis il me dit : « Si tu passes par Dessié, arrête-toi pour saluer ma femme et mes petites. » Je lui serrai fortement la main, et ce fut la dernière fois que je lui serrai la main. Il est mort, à présent. Ce sont les meilleurs qui meurent à la guerre. Quelques jours plus tard, quand je passai par Dessié, il faisait déjà nuit, j'étais fatigué. Je ne m'arrêtai pas pour saluer la femme et les filles de

Lorenzini. Je le regrette, je ne peux me pardonner cette triste paresse. Il est mort, à présent. À Keren, à la tête de ses bataillons érythréens, là, en face des Anglais. Ce sont les meilleurs qui meurent à la guerre. Et si un jour je rencontre ses filles, je leur dirai que, chaque soir, il s'agenouillait dans sa tente, et priait. Il est mort, à présent. Ce sont les meilleurs qui meurent à la guerre. Puis je prendrai mon courage à deux mains et je leur dirai ce qu'il me dit ce soir-là sous la lune, sur l'arête du Zendebour : que, toutes les nuits, il s'agenouillait dans sa tente, et priait pour ses petites.

L'aventure éditoriale du reportage

I

Cher Borelli,

J'ai eu de nouveau mal à la gorge ces jours-ci, mais maintenant tout va bien. Donc, début décembre je pars pour faire un grand circuit en Éthiopie. Bien sûr, j'espère travailler pour le *Corriere*, si tu crois pouvoir profiter de mon voyage. Tu n'as rien à faire, aucune autorisation à demander pour moi, etc., car tout est déjà en règle. Teruzzi descendra lui aussi début décembre : toutefois, mes articles ne seront pas un compte rendu du voyage teruzzien. S'il le faut, j'en ferai quelques-uns, mais je pense qu'il est mieux de me laisser suivre mon programme, qui est d'illustrer le nouveau critère établi pour l'émigration blanche en Éthiopie, la création d'un « empire blanc » dans un pays noir, etc.

Je dois venir à Milan d'ici quelques jours pour des affaires personnelles et j'en profiterai pour me mettre d'accord avec toi. Par contre, il faut que tu me préviennes si le projet t'intéresse, ou pas. D'accord ?

Salut, cher Borelli, bien cordialement, ton

Malaparte

Je te prie de prendre note de la nouvelle adresse de *Prospettive* : 44 Via Gregoriana.

II

Cher Malaparte,

Le voyage que me tu proposes m'intéresserait beaucoup et j'aurais été heureux de pouvoir te le confier, mais, comme d'habitude, tu arrives à la dernière minute, c'est-à-dire quand tu as été précédé non pas depuis des jours, mais depuis plusieurs semaines par Guelfo Civinini, qui part début décembre et passera trois mois dans l'Empire.

Quoi qu'il en soit, nous pourrons étudier ton projet quand tu viendras à Milan, mais il me semble difficile de réussir à contourner le problème, et vraiment difficile d'annuler un reportage confié depuis longtemps à Civinini.

Cordialement.

[Aldo Borelli]

III

[Rome,] 15 nov. 1938 XVII

Cher Borelli,

Ta lettre me chagrine. Est-il possible que tu ne penses jamais à moi lorsque tu distribues les reportages ? Pourtant, je te l'ai demandé de nombreuses fois. Tu as à ta disposition un écrivain qui, parmi ceux du *Corriere*, n'est pas le dernier. Et tu ne l'emploies pas. J'ai beaucoup d'estime pour Guelfo Civinini, dont, comme tu le sais, je suis l'ami. Mais Civinini a déjà écrit plein de fois sur l'Afrique, et sur l'Éthiopie aussi. Je suis certain que je ferais beaucoup, mais alors beaucoup mieux que lui. Et je te coûterais beaucoup, mais alors beaucoup moins. Ne peux-tu pas essayer de lui trouver une autre mission ? Tu comprendras que je n'ai pas une grande liberté d'action. Je ne peux circuler que dans le royaume et dans l'empire, alors que Civinini peut aller où il veut. Si tu me coupes la route même dans la seule partie du monde où je peux me déplacer librement, que veux-tu que je fasse ? Quoi qu'il en soit, moi je vais en Éthiopie. Je ne peux pas renoncer à ce voyage qui a une importance capitale pour moi, car il est le prérequis pour obtenir un passeport. Je développe ? Cela signifie que je m'occuperai de placer ailleurs mes correspondances. Je suis vraiment désolé, mon cher Borelli, mais il est bon que ma situation se résolve, et de la meilleure façon possible.

Il ne me semble pas que Civinini ait les mêmes intérêts que moi en Éthiopie. Et il ne me semble pas non plus que sa vie, ou, du moins, sa situation, dépende de ce voyage. Et je crois qu'il ne se laissera pas abattre si tu organises les choses différemment. Pourquoi ne lui confies-tu pas une autre mission ?

Salut, cher Borelli, je te remercie de ce que tu pourras et voudras faire, et en attendant, je te salue très affectueusement

ton Malaparte

IV

Cher Borelli,

Ne pourrais-tu pas faire partir Civinini un mois après la date convenue, c'est-à-dire début janvier ? Moi je partirai début décembre et je serai de retour début janvier. Je ferai un reportage spécial (duquel j'attends beaucoup, en tant qu'écrivain aussi) et Civinini écrira ses correspondances habituelles, ses articles habituels, dont tu étaleras la publication, j'imagine, sur quelques mois au moins. Entre-temps, tu publieras mes correspondances, c'est-à-dire une quinzaine d'articles. Tu ne me paieras que les articles, un peu plus cher que d'habitude, et moi je me chargerai de toutes les dépenses pour le trajet aller et retour, pour mon entretien, mais aussi les dépenses liées au voyage à travers l'Éthiopie. J'irai à Gondar, puis dans le Jima, le Galla-Sidamo, le Choa, le Harar, Addis Abeba, bien sûr, etc. Sur le retour, je compte faire un saut à Jérusalem depuis Port Saïd (je connais déjà toute la Palestine, pour l'avoir parcourue en long et en large, avec le Patriarche catholique de l'époque, monseigneur Barlassina, qui est aujourd'hui cardinal). Comme tu vois, tout cela peut t'intéresser. Et puis, si ça ne t'intéressait pas, tant pis. Je te répète que je m'y rendrai de toute façon, et je m'arrangerai autrement.

Civinini pourra facilement partir début janvier, d'autant plus que Teruzzi a retardé son départ à après Noël.

Je viendrai à Milan d'ici quelques jours.

Très cordialement, ton

Malaparte

V*

[Télégramme] [Milan,] 17 novembre 1938. XVII

Malaparte – Gregoriana 44 Roma

Tes lettres sont trop excitées donc beaucoup mieux tu viennes Milan pour parler – salutations

Borelli

VI*

[Télégramme] [Rome, 25 novembre 1938]

J'accepte conditions quoique médiocres te prie m'envoyer lettre

Cordialement,

Malaparte

VII

Milan, 25 novembre 1938 XVII

Cher Malaparte,
Suite à nos accords verbaux que tu as confirmés aujourd'hui par télégramme, il est entendu que début décembre tu te rendras en Éthiopie, où tu resteras jusqu'en janvier.

Nous accepterons quinze articles sur tes voyages, répartis *grosso modo* de la façon suivante : dix articles écrits depuis l'Empire, un depuis la Grèce et quatre depuis les pays limitrophes à l'Empire. Pour te rétribuer ces quinze articles, nous te donnerons une somme beaucoup plus importante que d'habitude, c'est-à-dire vingt-cinq mille lires pour les quinze articles, liquidables à chaque fin de mois en fonction de ce qui a été publié.

Il est entendu que les dépenses de n'importe quel ordre que tu auras à faire au cours de tes trajets et pendant ton séjour là-bas sont à ta charge.

Cordialement,

[Aldo Borelli]

VIII

[Rome,] 30 novembre 1938 XVII

Cher Borelli,

Comme tu le sais déjà, S. E. Alfieri m'a informé que le *Duce* a approuvé le programme et l'objectif de mon voyage en Éthiopie pour le *Corriere della Sera* et qu'il a pris des dispositions pour que le ministère de la Culture populaire m'accorde tous les appuis nécessaires. À présent, je te prie de bien vouloir me faire envoyer, en début de semaine prochaine, dix mille lires – acompte, pour que je puisse partir l'esprit tranquille.

En te remerciant, mon cher Borelli, et en t'assurant à nouveau que tu seras satisfait de mon travail, auquel je me prépare avec toute ma bonne volonté, je te demande de bien vouloir me télégraphier à Addis Abeba si le ton, etc., des premiers articles te convient, pour que je puisse m'adapter.

Salut, cher Borelli, bien affectueusement, ton

Malaparte Mariam Chebbede

IX

Milan, 11 janvier 1939 XVII

Cher Malaparte,

Je n'ai plus de nouvelles de toi. Je n'ai pas reçu tes articles de voyages, ni de Rome, ni d'Afrique. À Rome, on m'a dit que tu n'es pas encore parti. Pourquoi ne m'envoies-tu pas quelque chose ? Si cette lettre te trouve encore en Italie, envoie-moi immédiatement un article. Je ne te demande pas les écrits africains, car l'Afrique est toujours intéressante, aujourd'hui comme demain.

Affectueusement,

[Aldo Borelli]

X

[Rome,] 12 janvier 1939 XVII

Cher Borelli,

Tu as raison, et si je ne t'ai pas écrit, c'est que je craignais que mon retard involontaire, qui d'une certaine façon me met en tort, fasse tomber mon voyage à l'eau, du moins pour ce qui concerne le *Corriere*. Mais je te jure que ce n'est pas ma faute. Imagine que j'étais venu à Milan pour te voir : je suis arrivé à dix-huit heures avec le train, j'avais une fièvre de cheval, je me suis alité à l'Hôtel de la Ville ; le lendemain je me suis levé et suis reparti pour Rome en wagon-lit, toujours avec une fièvre équine. Dans le hall, j'ai rencontré Criscuolo qui peut te confirmer cela. À Rome, je suis resté cloué au lit jusqu'au 18 décembre, avec une infection rénale causée par une de mes habituelles inflammations du système lymphatique. Mes ganglions de l'entrejambe, des aisselles et de la gorge ont menacé de suppurer. Heureusement, ceux des bronches ont été moins touchés. On m'a soigné à l'aide d'injections intraveineuses de plurivalent qui me donnaient des accès de fièvre brefs mais très forts. Le 18 au soir, je n'étais *pas* guéri, mais je voulais partir : en deux jours, j'espérais pouvoir en finir avec les formalités nécessaires pour le laissez-passer, que j'avais mis de côté pendant ma maladie. J'avais déjà pris et payé mon billet pour le *Tevere*, qui partait le 20. Je ne suis pas arrivé à temps pour le laissez-passer, et j'ai perdu l'argent dépensé pour le billet. À présent, j'ai le laissez-passer, ma place réservée sur le *Palestina*, qui part le 19, jeudi, de Naples. Par ailleurs, ce retard m'a été bénéfique : 1) pour me remettre physiquement ; 2) pour étudier Suez et Djibouti. Je pars jeudi. Je crois que tu seras content de moi. Je pars en compagnie d'un fonctionnaire des Colonies, M. Conte (privilège spécial), qui me facilitera la tâche pour tout. Les gouverneurs ont été prévenus. Bref, j'espère faire au mieux. Tu seras surtout satisfait de Djibouti.

Merci, cher Borelli, pour ta lettre, qui est vraiment aimable. J'essaierai de t'envoyer une chronique avant de partir. Si jamais je retombe malade en Afrique et que je meurs, je te prie de me faire une bonne nécrologie.

Je t'informe que le premier volume de l'appendice de l'Encyclopédie Treccani est sorti. Il y a une colonne sur moi page 814. Comme tu le vois, je suis déjà au Panthéon.

Affectueusement, ton

Malaparte

XI*

[Télégramme]   [Milan,] 13 janvier 1939

Malaparte – Gregoriana 44 Roma

reçu ta lettre douze
tous mes vœux – porte-toi bien – cordialement

Borelli

XII

[Asmara,] 30 janvier 1939 XVII

Très cher Borelli,

Donc, je suis arrivé ici depuis deux jours. Le gouverneur m'a donné une automobile, avec laquelle je partirai après-demain pour Gondar-Lac Tana. Ensuite, j'irai à Adoua-Axoum, puis à Dessie, de là à Sardo, dans la basse plaine du Danakil, puis à Addis Abeba. Par la suite, j'irai dans le Jima et je descendrai jusqu'à Bonga. Puis, de nouveau à Addis Abeba, et, de là, à Harar. En gros, voilà mon itinéraire. Comme tu le vois, je parcourrai toute l'Éthiopie, moins la Somalie. Pour ta gouverne, je serai à Gondar jusqu'au 5 février (poste restante) et après tu pourras me télégraphier ou m'écrire à Addis Abeba, hôtel C.I.A.A.O.

Et maintenant, j'ai quelque chose à te demander. Pour parer à toute éventualité, ce serait bien que tu me fasses parvenir, par Conte, une autorisation pour me rendre à Djibouti. Les autorisations pour Djibouti sont suspendues. Je ne m'y rendrai qu'en cas de nécessité absolue pour le *Corriere*. Tu comprends ? Si jamais les événements devenaient vraiment intéressants, je serais le seul journaliste italien là-bas. Pour l'autorisation, il suffit d'envoyer un petit télégramme au gouverneur général d'Addis Abeba. Je l'utiliserais au moment opportun, ou je ne l'utiliserais pas du tout si la chose ne devenait pas intéressante. Je te prie de me télégraphier à ce sujet car il me semble que cela doit te tenir beaucoup à cœur, au moins autant qu'à moi.

Je t'envoie le premier article demain. Je ne sais pas si je les fais longs ou si je les fais de la longueur habituelle. Je te les enverrai comme ils me viennent, longs ou pas, et tu verras si tu les publies en entier ou en plusieurs parties. Je crois que tu pourrais faire de belles séries. Le premier article parle du trajet, que j'ai fait sur une espèce de caravelle pleine de paniers de légumes, d'enfants, de femmes et de colons. Une vraie diligence : imagine qu'il nous a fallu neuf jours pour arriver à Massawa ! L'article s'appellera justement *La diligence pour l'Afrique*, et je crois que tu l'aimeras comme article introductif.

Notre cher Balbo est parti en avion pour Tripoli il y a une demi-heure, il était venu chasser l'éléphant dans la plaine de Tessenei.

Ce soir, dans une heure, je dîne chez le gouverneur.

Je te prie de te dépêcher pour l'autorisation pour Djibouti.

Salut, mon cher Borelli, bien cordialement et bien affectueusement, ton

Malaparte

XIII*

[Télégramme]   [Gondar, 16 février 1939]

Parti de Barcar avec 9e btl arriverai Aba trois jours
Malaparte

XIV*

[Télégramme]   [Debré Markos, 20 février 1939]

Arrivé Debré Markos avec 9e bataillon érythréen – continue Addis Abeba

Malaparte

XV*

Cher Meregazzi,

Excuse-moi de te déranger pour trois choses qui devraient intéresser le ministère autant qu'elles nous tiennent à cœur :

1) L'interview de S. E. Teruzzi avec Civinini tarde trop. Il ne s'agit pas que d'un problème journalistique : je crois qu'il s'agit d'un problème national. On parle trop peu de l'Empire dans le journal, ou alors on n'en parle qu'au nom du ministère des Travaux publics pour ce qui concerne les routes : un sujet très noble mais qui n'est pas exhaustif. Permets au vieux journaliste que je suis de te dire que l'interview panoramique avec S. E. Teruzzi, même si elle est générale, ferait un bel effet. Inutile de te dire que cette interview devrait se faire avec Civinini non seulement parce que celui-ci est proche de S. E. Teruzzi, mais aussi parce qu'il l'a suivi lors de son dernier voyage ; et malheureusement, à cause de sa maladie, il n'a pu exploiter son séjour d'aucune façon. L'interview permettrait à Civinini de reprendre le sujet.

2) Comme tu le sais, un autre de nos envoyés spéciaux en Afrique est Curzio Malaparte. Cela fait plus de deux mois qu'il est là-bas et il n'a encore rien envoyé, si bien que je n'ai pas la moindre idée d'où il se trouve. Il y a quelques mois, j'ai reçu deux télégrammes de sa part dans lesquels il disait qu'il préparait le matériel ; mais ensuite, silence radio. Ne serait-il pas possible au ministère de me dire où se trouve Malaparte, de façon à ce que je puisse lui envoyer un télégramme et ainsi lui faire accélérer l'envoi de ses écrits ?

3) Demain, Dino Buzzati, notre correspondant fixe à Addis Abeba, part pour l'Afrique. C'est un jeune d'une très grande valeur, qui, je pense, s'affirmera également comme brillant écrivain car il a déjà donné d'excellentes preuves de ses qualités. Il part avec l'approbation officielle ; mais tu me ferais plaisir si tu pouvais envoyer un télégramme là-bas pour qu'il soit accueilli amicalement.

Comme tu le vois, j'essaie de me mettre en relation avec l'Empire, et je te serais donc infiniment reconnaissant si tu voulais bien m'aider dans cette belle tâche.

Reçois tous mes remerciements, mes vœux les meilleurs et mes salutations amicales

[Aldo Borelli]

XVI

Rome, 19 avril 1939 XVII

Cher vieux Borelli,

Je suis enfin rentré, épuisé mais bien vivant, et content. Comme tu le sais peut-être déjà, j'ai accompli un itinéraire très intéressant, pour l'essentiel à dos de mulet (d'abord avec le 9e bataillon érythréen, puis avec le 5e, puis avec le 10e) à travers tout le pays amhara, du Tekezzé par le Gojam jusqu'à Addis Abeba, puis à travers le Menz-Merhabété-Worana, puis à travers le Galla-Sidamo, presque jusqu'à Maji. J'ai participé à plusieurs combats, le premier au détroit de Guembeva, près de Debré May, dans le Gojam, les autres dans le Menz-Merhabété, pendant les opérations contre Abebe Aragaï. J'y ai récolté la médaille de la Valeur militaire. Ce que j'ai vu et vécu est passionnant, et inédit pour l'essentiel. J'ai avec moi des documents photographiques de tout premier ordre (c'est moi qui ai pris toutes les photos) sur les combats, les régions, les peuples, etc. J'ai même ramené à Rome une caisse de trois quintaux et demi avec toutes les fresques sur toile (décrochées par mes soins à l'aide des miliciens et, bien sûr, j'étais autorisé à le faire) du *guebbi* de ras Imru, à Debré Markos, que je me suis trimballé sur quatre cents kilomètres de piste. La série sur le couronnement de Lij Iyasou est magnifique. J'en ferai le plus beau pavillon de l'Exposition coloniale de Naples, ou alors de l'Exposition universelle de Rome, selon ce qui se décidera en haut. J'en réserve la primeur à la *Lettura*. J'ai parcouru au total six mille kilomètres à travers l'Éthiopie, dont mille cinq cents à mulet. C'est pas mal.

Ici, on est très content de mon voyage, et on me l'a déjà dit officiellement. Je n'étais pas encore arrivé que j'avais déjà une invitation pour aller chez Alfieri. Je l'ai vu hier soir. J'ai déjà écrit beaucoup d'articles, que je t'enverrai dès que j'aurai le feu vert. Mais en attendant, il est nécessaire que tu répondes, pour l'instant, à ce que je te demandais dans ma première lettre de Gondar. (La seconde, concernant Djibouti, date du 25 février, envoyée d'Addis Abeba.) Pourquoi diable ne m'as-tu pas répondu ? Et pourquoi diable, au lieu de me répondre, as-tu écrit à Meregazzi pour lui demander des nouvelles de moi, te plaindre de mon silence, etc. ?

Donc, j'ai urgemment besoin de savoir si tu veux des articles de la longueur habituelle, ou si tu les veux plus longs que la normale, pour pouvoir faire des séries, selon une circulaire que tu m'as envoyée il y a trois mois et demi environ. (Je préfère ces derniers.)

Quand viens-tu à Rome ? Me préviendras-tu ?

Salut, mon cher Borelli. J'ai cherché en vain les deux fusils que tu m'avais demandés. En Éthiopie, il n'y a que des fusils de guerre ou de chasse. J'ai ramené avec moi un Mauser 1934, qui est encore à la douane de Naples en attendant l'autorisation de la préfecture. Des fusils comme tu en veux, on en trouve en Arabie, ou en Libye. Il y en avait peut-être en Éthiopie aussi, en 1936, mais maintenant tout a été raflé par les collectionneurs. J'ai ramené quelques belles *gurades,* un *billao,* un manteau abyssin, des foutas, un beau *masqal* pour ma mère. Et c'est tout. Je suis désolé de ne pas avoir pu te satisfaire, mais ce n'est pas ma faute. Si tu aimes le *zigni,* souviens-toi que j'ai ramené cinq kilos de *berbéré.*

Au revoir, à bientôt, écris-moi de suite, très cordialement,

ton Malaparte.

XVII*

[Télégramme]   [Milan,] 19 avril 1939 – XVII

Curzio Malaparte
CAPRI

Suis vraiment stupéfait ton silence –

Borelli

XVIII*

Cher Borelli,

1°) je n'ai pas répondu de suite à ta lettre du 11 avril parce que j'ai d'abord voulu parler avec Civinini, que j'ai fait appeler. Je l'ai vu hier, et mardi prochain il aura un entretien avec S. E. Teruzzi pour l'interview que tu demandes.

Civinini m'a également déclaré que – comme tu l'observes justement – l'interview lui donnera l'occasion de parler de l'Empire dans une série d'articles qu'il est en train de préparer.

2°) Curzio Malaparte a accompli un voyage long et intéressant. Il a, comme tu le sais, débarqué à Naples depuis plusieurs jours et je sais qu'il dispose d'un matériel important pour le *Corriere*.

3°) Je me suis chargé de recommander vivement ton nouveau correspondant permanent à Addis Abeba par un télégramme au gouvernement général.

Tu as toujours ma cordiale amitié à disposition pour ce qui t'est utile dans le secteur africain.

Je te salue très affectueusement

ton dévoué Renzo Meregazzi

XIX*

[Télégramme]   [Rome, 24 avril 1939]

Te prie de répondre urgence ma dernière lettre
Cordialement Malaparte

XX

Cher Curzio,

Ta lettre est très agréable et très amusante, mais, malheureusement, elle s'adresse à un public trop restreint, limité à ma personne et à celle de Marchiori. Il serait donc préférable que tu commences à écrire les articles pour le journal, car tu es en retard d'environ deux ou trois mois. Je ne pouvais pas répondre à tes précédentes lettres de Gondar et d'Addis Abeba pour la simple raison que je ne les ai jamais reçues, et je ne les ai pas reçues car, comme le dit d'habitude le ministre Benni quand nous protestons pour perte, elles n'ont pas été expédiées. Voilà la raison mystérieuse et profonde pour laquelle, voulant avoir de tes nouvelles, je me suis adressé au ministère de l'Afrique italienne.

Donc, je récapitule, j'attends les articles et je les attends immédiatement, sans quoi ils auront une incidence et seront retardés par les très nombreux autres reportages commandés après le tien, mais effectués par des journalistes qui ont un sens de l'actualité un peu plus vif que toi.

Les articles dont j'ai besoin immédiatement sont ceux de longueur habituelle, si tu me fais ensuite quelques articles formidables à publier dans la rubrique *la domenica dei narratori*, qu'il s'agisse d'aventures personnelles ou autre, j'en serai heureux. Mais en attendant, bouge-toi.

Cordialement

[Aldo Borelli]

XXI

Cher Borelli,

J'ai eu ta lettre, je te réponds de suite. Je ne comprends pas pourquoi je t'aurais menti en te disant que je t'avais écrit, ni à quoi un mensonge idiot de ce genre me servirait. Je t'ai écrit d'Asmara, de Gondar, d'Addis Abeba. Je t'ai envoyé un télégramme de Debré Markos. Si tu ne les as pas reçues, mes lettres ont très probablement été ouvertes et gardées par la Police coloniale, qui lit toute la correspondance en provenance et en direction de l'Afrique, surtout celle des journalistes, ou de ceux qui pourraient avoir l'air de savoir regarder les choses. Je t'ai écrit d'Asmara en te donnant mon itinéraire. De Gondar, je t'ai écrit en te confirmant mon projet de traverser le Gojam à dos de mulet, et la raison de mon projet. De Debré Markos, je t'ai envoyé un télégramme pour te dire que j'avais atteint la moitié du voyage du lac Tana à Addis Abeba. Je te disais exactement : « Je suis arrivé à Debré Markos avec neuv. bataillon érythréen, je continue vers Addis Abeba. »

D'Addis Abeba, je t'ai écrit en te priant de demander pour moi, au ministère des Affaires étrangères, l'autorisation de me rendre à Djibouti, *le cas échéant.* Bonacorsi a vu cette lettre, avant que je ne l'envoie. Si je ne t'ai pas expédié les articles auparavant, les raisons sont évidentes. Je croyais que Civinini écrivait son itinéraire officiel, et, confiant, j'ai pensé qu'il valait mieux attendre de voir avant d'écrire, et, de toute façon, il m'était absolument impossible d'écrire après dix ou douze heures de mulet par jour, et des fusillades quotidiennes. Tu sais que j'ai aussi participé aux opérations contre Abebe Aragaï dans le Menz-Merhabété, qui ont duré vingt jours. Le soir, dans la tente, je tapais à la machine des notes, des impressions, etc. La machine, c'est un *ascari* qui la portait à la main, pendant les quarante, cinquante kilomètres journaliers. À présent, je commande le matériel, et je commence à t'envoyer le premier article : « La diligence pour l'Afrique », qui est plus long que de coutume, mais je le laisse comme ça parce qu'il est très bien comme ça. Si tu veux, tu n'as qu'à le couper.

Donc. J'ai écrit à Alfieri aussi, et il n'a rien reçu. Maintenant que Cerulli est parti, les choses vont changer. Je t'ai dit la vérité, je t'en donne ma parole d'honneur. Surtout, j'aurais été un rustre si je ne t'avais pas donné de nouvelles, et je n'en suis quand même pas là.

Salut, cher Borelli, je te salue très cordialement, ton
Malaparte

Si l'on écrit qu'en Afrique il fait chaud, ils arrêtent la lettre. De même si l'on écrit qu'on se bat, que les pistes sont difficiles, que, du lac Tana au Nil, le mulet est le seul moyen de communication, etc. L'Empire est merveilleux, j'en suis tombé amoureux, et j'ai pensé y rester. Mais il vaut mieux en parler d'ici. Voilà tout. Et en parler après en avoir eu l'autorisation.

Comment diable faire pour les dates ? Je daterai « avril ». C'est ce qui me semble le mieux.

XXII

[Rome,] 25 avril 1939 XVII

Cher Borelli,
Je donne suite à ma lettre de ce matin. J'ai oublié de te dire que le récit des opérations dans le Gojam et dans

le Choa, auxquelles j'ai participé grâce à la faveur spéciale de Cavallero et du vice-roi, je pourrai le faire, mais sans dates. Ce seront des récits de guerre, mais sans que je dise que je les ai vécus en février ou en mars, plutôt qu'en décembre dernier. Ils pourront aller dans la *domenica dei narratori*, ou alors il faut les publier en plus long que d'habitude. Le premier, que je suis en train de recopier, « La diligence pour l'Afrique », je te l'envoie de suite, parce que c'est un peu le préambule de tous les autres et la description des types qui vont en Éthiopie et qui se retrouvent après, ici et là, dans l'Empire.

Salut, cher Borelli. Ton Malaparte

XXIII*

Milan, 26 avril 1939. XVII

Cher Meregazzi,

J'ai reçu ta lettre : tu n'aurais pu être plus amical, ni être un ami plus efficace.

J'ai retrouvé Malaparte en Italie, bien sûr, et il m'a déjà écrit qu'il va commencer une série d'articles qui, je crois, seront très beaux.

Civinini m'a communiqué que tu l'as aimablement appelé, et j'attends qu'il m'envoie l'interview, qui est la base de tout pour moi, d'un moment à l'autre. Que Guelfo écrive ou pas ses articles n'a guère d'importance, parce qu'entre-temps j'ai le filon des articles de Malaparte, et j'ai aussi, comme tu le sais, un envoyé spécial à Addis Abeba qui va donner des nouvelles d'un moment à l'autre.

Merci aussi pour ce que tu as fait pour notre Buzzati qui, je crois, sera un élément précieux.

Puisque nous allons à présent vers une période que je pense animée mais paisible dans l'ensemble, j'ai l'intention de consacrer de nombreux articles à l'Empire et à l'Albanie, partagés de façon égale, de sorte que le public puisse vraiment s'intéresser à ce que l'Italie a créé et crée encore de vivant.

Dès que je serai à Rome, il faudra que je vienne t'embêter une demi-heure pour parler de beaucoup de choses qui vont t'intéresser et qui m'intéressent aussi.

Avec toute ma gratitude,

ton [Aldo Borelli]

XXIV*

[Rome,] 29.4.1939. XVII

Cher Borelli,

Viens quand tu veux : je te reverrai avec grand plaisir. – Ce matin, j'ai vu Malaparte : il me semble qu'il a préparé pour le *Corriere* un matériel intéressant et surtout novateur. – Au revoir, à bientôt, affectueusement

Renzo Meregazzi

XXV*

[Télégramme]   [Milan,] 28 avril 1939. XVII

Malaparte – Gregoriana, 44 Roma

Article promis avec lettre il y a trois jours jamais arrivé
– continuons blaguer il me semble

Borelli

XXVI*

[Télégramme]   [Rome, 29 avril 1939]

Feu vert reçu ce matin commence de suite
Cordialement

Malaparte

XXVII*

[Télégramme]   [Milan,] 1er mai 1939 – XVII

Malaparte Via Gregoriana 44
ROME

J'attends toujours article –

Borelli

XXVIII

Cher Borelli,

Voilà enfin le premier article. Avant-hier matin, je me suis longuement entretenu avec Meregazzi, et nous avons vu point après point ce que je dirai sur l'Éthiopie, et comment je le dirai. Meregazzi a approuvé le projet dans ses lignes générales, sa progression et ses détails. Nous avons décidé de faire allusion, dès le premier article, à l'idée qui sera ensuite développée, l'idée de l'*Empire blanc* et de l'Afrique « qui n'est pas noire ». C'est pour cela que j'ai ajouté deux pages vers la fin, ce qui m'a pris un peu de temps : raison du retard. Maintenant je suis à jour, j'ai tous les « feux verts » nécessaires, et j'avancerai vite.

Bien sûr, tant que je n'entrerai pas dans le pays amhara, certaines problématiques seront juste évoquées, et je me limiterai à les présenter à travers des descriptions de villages, des réflexions, etc. Je ne consacre qu'un article au passage à travers l'Érythrée. Avec le troisième article, j'entrerai dans le pays amhara, c'est-à-dire dans le vif du sujet. Le chef m'a répondu « oui » aux questions sur lesquelles j'avais attiré Son attention. Dont les deux principales sont : 1e, je peux parler des amhara pas comme si c'étaient des Niam-Niam ou des Soudanais, mais comme ils le méritent, c'est-à-dire en faire l'éloge par rapport aux autres races africaines ; 2e, je peux dire que parfois quelques coups de fusil nous échappent avec les brigands (comme tu le sais, c'est le nom officiel des rebelles).

Et maintenant, quelques détails. Je n'ai pas daté le premier article. Il y a deux solutions : 1e, mettre une date récente, par exemple : *avril.* 2e, faire précéder le premier article d'une petite note en marge, dans laquelle on dirait que Malaparte a entrepris un long voyage dans l'Empire, parcourant au total six mille kilomètres, dont mille cinq cents à dos de mulet avec les 9e, 5e et 10e bataillons érythréens, et que ses premières correspondances ne nous parviennent que maintenant. Dans ce second cas, tu daterais le premier article de février, et ainsi de suite, mars, avril, mai, à mesure que le récit avance. Comme tu préfères.

Je t'envoie ce soir quelques photographies, comme essai. Mais je te prie de me les renvoyer dès que tu les auras vues et admirées. Au fur et à mesure, je t'en enverrai sur papier brillant. Je les ferai imprimer ici, à Rome, chez un Allemand, Haas, à qui le *Corriere* versera une petite compensation pour l'impression.

Je n'ai pas pris de photographies de l'Érythrée, cela me semblait inutile. Je n'ai commencé à me documenter qu'à partir de Gondar, c'est-à-dire à partir du troisième article (inclus).

Salut, cher Borelli. Je te salue bien cordialement et te présente toutes mes excuses pour ce retard raisonnable.

Ton Malaparte.

XXIX

Milan, 5 mai 1939. XVII

Cher Malaparte,

J'ai reçu tes photographies. Pour la reproduction, le fait qu'elles soient sur papier brillant ne nous intéresse pas du tout, mais il faut absolument qu'elles ne soient pas sur ce papier ligné sur lequel tu les as fait imprimer, maintenant que c'est incompatible avec la trame. Parmi celles que tu m'as envoyées – et que je te rends ci-incluses – tu peux me renvoyer les photographies portant les numéros 16, 17, 32, 72 sur papier mat si tu veux *mais pas ligné.*

Bien cordialement,

ton [Aldo Borelli]

XXX

Milan, 23 mai 1939. XVII

Cher Malaparte,

Ton article « La terre des hommes rouges » fait quatre colonnes et demie, c'est-à-dire le double de ce qui est normalement prévu, tout particulièrement en ce moment où, vu les événements, il est impossible de publier des articles qui dépassent les limites habituelles.

Je te conseille de scinder cet article en deux en complétant chacun comme tu l'entends, de sorte que chaque article ne dépasse pas deux colonnes et demie. Renvoie-moi les épreuves raccourcies et modifiées, de sorte que je puisse au moins publier le premier de ces deux articles dans la semaine.

Cordialement,

[Aldo Borelli]

XXXI

Cher Borelli,

Je reviens de Forte, où ma mère est gravement malade d'une appendicite (et elle ne peut pas être opérée à cause de son état de santé général) et je viens de trouver ta lettre avec les épreuves – que je te renvoie immédiatement. J'en ai fait deux articles, comme tu le voulais. Si je m'en étais tenu à un calibrage aussi insolite, ce n'était certainement pas par paresse : quinze articles si longs, cela voulait dire trente articles habituels.

S. E. Daodiace m'a écrit une très belle lettre pour mon article sur l'Érythrée.

Demain matin, je t'enverrai deux photos qui illustrent ces deux articles : un paysage érythréen, et deux *charmoutas* à l'air très chaste et hiératique. Si tu ne veux pas les utiliser, ce n'est pas grave.

Salut, cher Borelli, bien cordialement,

ton Malaparte

Ces jours-ci, à l'hôpital militaire de Livourne et à celui de Florence, j'ai passé la visite de contrôle pour l'invalidité. On a trouvé que mes problèmes pulmonaires s'étaient aggravés, et on m'a fait passer de la neuvième à la huitième catégorie. Et moi qui croyais que l'Afrique m'avait fait du bien ! Mais je me sens en pleine forme !

XXXII

Cher Malaparte,

Le directeur m'a chargé de vous envoyer les épreuves de votre article sur les *Dolomites éthiopiennes*. Comme vous le voyez, elles occupent trois colonnes ; il faut absolument que vous coupiez une demi-colonne parce qu'en y ajoutant le titre et quelques clichés l'article occuperait quatre colonnes, et il serait donc impossible de le publier rapidement.

Le directeur vous prie vivement d'accélérer l'envoi de ces articles qui ont été suspendus pendant trop longtemps.

Je vous remercie vivement et vous salue cordialement

[Oreste Rizzini]

XXXIII

[Rome,] 27 juin 1939 XVII

Cher Rizzini,

Je vous renvoie immédiatement les épreuves, corrigées. J'ai coupé exactement une demi-colonne. Vraiment coupée, avec les ciseaux.

Oui, Borelli a en partie raison quand il insiste pour que j'augmente la fréquence des articles. Mais je lui avais écrit, avant même de partir pour l'Éthiopie – et après mon retour – qu'il me fasse le plaisir de me dire comment il voulait que soient ces articles, qu'il se serve de l'esprit des premiers pour me faire des suggestions, des critiques, etc. J'ai été déstabilisé par son silence. Mis à part la valeur et l'intérêt des choses dites, je ne sais si je dois leur donner le ton des correspondances habituelles, le ton journalistique, je veux dire, ou un ton plus soutenu. Je n'en sais rien. Avant de partir – j'ai la lettre –, il m'a écrit qu'il voulait de grands articles. Maintenant, je vois qu'il les publie comme des chroniques. Cela peut me faire plaisir d'un point de vue, je vais le dire ainsi, d'écrivain, mais je ne sais pas si le reportage y gagne. Dans une chronique, le ton doit être différent de celui des articles habituels. Dorénavant, j'écrirai dans la marge si l'article doit être une chronique ou pas (à mon avis) : à vous de décider. Le voyage commence à partir de Gondar, ainsi que les fusillades et les considérations sérieuses, vers lesquelles je veux conduire tout doucement le lecteur, car ce sont des considérations un peu insolites.

J'ai vu l'entrefilet de Bottai dans *Critica fascista*. Il signale ces articles comme très novateurs, de par leur forme.

Je voudrais également savoir si je peux vous envoyer – tous les deux articles de récit – un article de considérations générales, sur l'observation et sur l'expérience directe. Je crois que ça pourrait être une partie très intéressante du reportage. Par exemple : sur l'introduction du métayage en pays amhara, comme seul système possible (politiquement possible) de colonisation, etc.

Autre exemple : l'Église copte. C'est une erreur de l'appeler éthiopienne. Une erreur de la séparer d'Alexandrie ; le mot erreur, bien sûr, ne serait pas écrit. Je dirais les choses comme si c'était moi qui les suggérais. Je me fais comprendre ?

Cher Rizzini, faites-moi le plaisir de m'écrire en réponse à tout cela. En attendant, j'ai un article presque prêt sur les efforts des Italiens pour s'adapter à la nature, au climat éthiopien : un article qui se veut un prélude au grand article sur la *Romagne d'Éthiopie*, grande entreprise modèle surgie à trois mille mètres d'altitude, en plein pays amhara, avec des ouvriers et des paysans qui montent la garde la nuit parce qu'au-dehors de l'enceinte la région est infestée de *chiftas*. Que des paysans romagnols, extraordinairement intéressants.

Très cordialement, votre

Malaparte

XXXIV

[Milan,] 29 juin 1939 – XVII

Cher Malaparte,

J'ai reçu les épreuves corrigées et raccourcies. Je crois que nous préférerons la version sous forme de chronique. J'ai fait lire votre lettre au directeur : vous n'avez vraiment pas besoin de nos instructions. Il suffit que vous soyez *Malaparte*. De toute façon, le ton journalistique est nécessaire. Entendons-nous ainsi : vous écrirez dans la marge de vos articles dans quelle rubrique ils doivent être publiés. Le directeur préfère que vous exploitiez d'abord tous les thèmes de chronique. Ensuite, vous ferez des considérations. Votre programme me semble parfait.

Bien cordialement,

[Oreste Rizzini]

XXXV

[Télégramme]   [Milan,] 11 juillet 1939

Malaparte – Gregoriana 44 Rome

Très étonné ton silence attends articles

Borelli

XXXVI

Milan, 18 juillet 1939. XVII

Cher Malaparte,

Je t'ai envoyé un télégramme le 11 juillet pour que, brisant ton très noble silence, tu m'envoies les articles concernant l'Afrique. J'ai eu pour réponse un magnifique télégramme où tu me garantissais qu'un article était en route. Sept jours ont passé et l'article n'est pas arrivé. Par contre, j'ouvre quelques hebdomadaires et je trouve un écrit de toi sur Bligny ainsi qu'une poésie sur le même sujet.

Concernant la poésie, je ne peux pas protester, bien sûr ; par contre, concernant l'article, permets-moi de te rappeler que tu as, outre ton engagement exclusif pour le *Corriere della Sera*, celui d'écrire quelques articles africains, dont la publication devait être finie en avril. Nous sommes déjà en juillet, et nous nous traînons au rythme d'un article par mois. Dois-je tirer les conséquences évidentes de ton attitude très étrange ? L'administration me demande des explications que je ne peux lui donner et que j'attends de ta part.

Cordialement,

[Aldo Borelli]

XXXVII*

Cher Borelli,

J'ai tardé car j'ai dû quitter soudainement Rome pour aller dans le Haut-Adige, à Brunico, pour régler la situation de mon père qui, comme tu le sais, est encore citoyen allemand. Je ne voulais pas qu'on me le renvoie comme un « étranger » lambda.

Ce matin, j'ai été à Prato, aujourd'hui j'ai mis l'article au propre ; je te l'envoie et je pars pour Rome. Le prochain décrira ce qu'a fait l'*Ente* Romagne d'Éthiopie dans le Wagara. Il sera très amusant.

Salut, cher Borelli, et pardonne ton

très cher Malaparte

XXXVIII*

Rome 21 juillet 1939 XVII

Cher Borelli,

Je viens de trouver ta lettre qui me semble, dans l'ensemble, assez juste. Mais, dans ce cas précis, il ne s'agit pas d'un oubli de ma part de mes obligations contractuelles. Chaque année, pour le 14 juillet, vu que je suis un des rares de Bligny, on me demande un écrit commémoratif. J'avais dans le tiroir celui que tu as vu sur *Oggi* et je l'ai donné. Mais il *ne devait pas* être signé. Ce manquement ne vient pas de moi mais d'*Oggi*. La poésie qui a paru sur *Tempo* est vieille aussi : elle date de 1936. Celle-ci pouvait être signée, vu que tu ne publies pas de vers, à part ceux de Pastonchi. Mais c'est justement de ce point que je voudrais parler avec toi. Le poème « Les morts de Bligny jouent aux cartes » a beaucoup plu, j'ai même reçu un éloge direct qui m'a fait énormément plaisir. Le *Lavoro Fascista* d'hier republie mes vers en troisième page. Le ministère de la Culture populaire veut en faire une brochure à distribuer.

Il me semble donc, mon cher Borelli, que cette poésie pouvait très bien figurer dans le *Corriere*. Il est (heureusement) vrai que je ne suis pas D'Annunzio. Mais il est également vrai que je ne suis pas Pastonchi. Pour une occasion extraordinaire, pour un événement extraordinaire, de façon exceptionnelle, je ne vois pas pourquoi, après Pastonchi, je ne pourrais pas y trouver ma place moi aussi. Ce serait continuer une tradition du *Corriere*. Et le *Corriere*, pour s'excuser, ne peut pas exiger un D'Annunzio tous les mois. Choisissez donc la meilleure plume à votre disposition. Ne crois-tu pas ?

Je voudrais attirer ton attention sur ce problème qui, selon moi, est plutôt intéressant.

Pour ce qui concerne ma collaboration « non signée » sur cette revue, il faut prendre en considération le fait que je n'ai pas tous les torts. Il y a déjà un mois, parlant de ma situation avec le Comte, la discussion est venue sur mon contrat avec le *Corriere*. Je ne me suis pas plaint, et je n'ai rien demandé. Mais le Comte s'est étonné de savoir que, si je tombe malade et que je passe un mois ou deux sans écrire, je ne reçois pas un sou. Il a proposé de t'en parler, j'ai refusé. Bien sûr, il est clair que mon contrat, pour être équitable, devrait être modifié. Il faudrait me payer moins les articles et me fixer un montant précis tous les mois, avec l'obligation d'écrire un certain nombre d'articles. Le journal pourrait toujours se rattraper sur la rémunération des articles. Me comprends-tu ?

Mais nous pourrons parler de cela tranquillement, rien ne presse. Compris ? S'il y avait des difficultés insurmontables, tant pis !

Pour l'Afrique, ne t'énerve pas. Tu auras tout. J'espère finir d'ici deux jours et t'envoyer un autre long article.

Affectueusement, ton

Malaparte

XXXIX*

[Milan,] 22 juillet 1939, XVII.

Très cher Monsieur Malaparte,

Au moment de partir en vacances pour une quinzaine de jours, le directeur a reçu votre lettre et m'a dicté par téléphone la lettre de réponse ci-jointe. Il est parti et n'a donc pu la signer.

Salutations fascistes,

P. LE SECRÉTAIRE DE RÉDACTION

XL

Cher Curzio,

J'ai ta lettre du 21. Tu essaies de dévier du problème essentiel. J'apprécie et j'admire tes poésies et je suis heureux qu'on te les paie des milliards. Je peux t'envoyer, même en retard, mes félicitations les plus *grandes*, les plus *sincères et dévouées* ; mais je ne t'ai fait aucune remarque concernant la poésie. Le *Corriere* n'en publie plus depuis huit ans, ni celles de Pastonchi, ni celles de D'Annunzio s'il devait renaître, la discussion sur ce sujet est donc close.

Je t'ai demandé pourquoi tu publies dans un hebdomadaire littéraire de Milan un *article* signé, alors que tu as en ce moment deux contrats d'exclusivité avec le *Corriere*. Tu m'as répondu, et ta réponse ne me satisfait absolument pas. Je n'ai pas à discuter avec mes collègues d'*Oggi*, qui ne sont en rien mes collaborateurs fixes : c'est à toi que je pose la question.

Il me semble très, très étrange que tu choisisses un moment comme celui-ci pour me demander un revenu fixe, alors que tu as reçu en début d'année une avance de dix mille lires, ce qui constitue un très beau fixe, et un contrat de vingt-cinq mille lires pour quinze articles depuis l'Afrique, articles qui se traînent, alors qu'ils devaient être finis en avril. Tu sais parfaitement que je sais que ton voyage en Afrique a été très largement financé par d'autres personnes également, et il me semble donc que toi, qui es si bon gestionnaire, tu pourrais te passer d'écrire des articles non signés, sachant les incidents qui peuvent en découler.

Ne joue pas un rôle pathétique avec moi en disant que, si tu tombes malade pendant deux mois, tu ne gagnes rien. Tu sais parfaitement, et même mieux que moi, que si tu travaillais simplement huit mois par an, comme tout le monde, tu gagnerais assez pour les quatre autres mois durant lesquels tu pourrais te reposer tranquillement. Regarde par contre ce qui s'est passé pour l'Afrique, où l'on a vu que, sous des prétextes divers, tu n'as pas écrit les articles que tu devais écrire, alors que tu as trouvé le temps de les envoyer à *Oggi*.

Après quoi, cher Curzio, je ne me mets pas du tout en colère, ni pour l'Afrique, ni pour le reste. Je te dis seulement, amicalement et fraternellement, et tu sais que je t'ai toujours traité fraternellement et amicalement, que tu n'aurais pas dû causer le tort que tu as causé au *Corriere* et que tout le monde a remarqué, d'autant plus que tu as fait coïncider la publication sur *Tempo* et l'article sur *Oggi*. Ce fait a un caractère administratif, comme je te l'ai dit, mais il en a également un amical, et il t'a desservi.

Cordialement,

[Aldo Borelli]

XLI

Rome 29 juillet XVII

Cher Rizzini,

Je vous envoie cet article, mais je vous prie de ne pas le raccourcir pour des raisons d'espace. Le sujet, comme vous le verrez, mérite d'être mis en évidence sur la page.

J'y joins également trois photographies, dont deux au moins devraient être incluses : celle avec les meules de paille, et celle avec la maison en construction.

Bien cordialement,

Votre Malaparte

XLII*

[Télégramme]   [Milan,] Ier août 1939 – XVII

Malaparte – Gregoriana 44
ROME

Vous prie envoyer chronique –

Rizzini

XLIII

Rome, Via Gregoriana 44 12 août 1939 XVII

Cher Rizzini,

Vous n'allez pas le croire ou, mieux, Borelli ne voudra pas le croire, mais je souffre depuis quatorze jours d'un rhumatisme articulaire aigu à l'épaule et au bras droit, qui ne me permet ni de travailler, ni de dormir. C'est un rhumatisme que je traîne depuis le 21 février, depuis Fiché, dans le Choa, et qui s'était calmé ces derniers temps. Je me fais soigner par le docteur Bastianelli, Viale G. B. Morgagni, 11, Rome. J'ai fait des bains de lumière et aujourd'hui, je pars pour Agnano où je resterai quelques jours pour faire des bains de boue afin de compléter le soin. Lundi, je vous enverrai un article de Bahar Dar, sur le lac Tana, qui est prêt depuis deux semaines et que je n'ai pas encore pu vous envoyer pour la raison que je vous ai dite.

Je répète que Borelli ne voudra pas y croire, et il va m'accuser de chercher des excuses, des prétextes, etc. Pourquoi des prétextes et des excuses ? Pour ne rien gagner ? Tant que je n'ai pas fini les quinze articles, le *Corriere* ne me donnera pas un sou de plus. Plus le retard est grand, plus j'y perds. La vérité, c'est que je ne vais pas bien, et à la consultation militaire pour la pension, on a trouvé que mon état de santé s'était dégradé et on m'a transféré à l'échelon supérieur d'invalidité, et de temps en temps j'ai quelques pépins.

Bonnes vacances, cher Rizzini, bien cordialement, votre

Malaparte

J'écrirai demain à Borelli, vu qu'à présent je peux me servir de ma main.

XLIV

[Amalfi,] jeudi août 1939

Cher Rizzini,
Ces jours-ci, Agnano est inhabitable à cause des mouches, de la chaleur et des gens. Je me suis échappé à

Amalfi, pour ne pas aller à Capri, inhabitable ces jours-ci pour des raisons similaires.

Je voudrais savoir si je peux envoyer deux articles par semaine. Le récit du voyage à dos de mulet avec le 9ᵉ bataillon à travers le Gojam (avec des fusillades) est alerte, et il me semble qu'il doit être publié à un certain rythme. Le prochain est presque prêt.

Bien cordialement, cher Rizzini,

Votre Malaparte

À Amalfi, il n'y a personne. Pas même les Napolitains qui viennent d'habitude en excursion.

XLV*

[Télégramme]   [Milan,] 18 août 1939. XVII

Malaparte à l'hôtel Cappuccini Convento Amalfi

Deux articles hebdomadaires indispensables pour finir ce reportage traîné trop longtemps

Affectueusement Borelli

XLVI

Milan, 9 septembre 1939 XVII

Cher Curzio,

J'ai reçu ton article *Joie à Guembeva* ; mais, pour pouvoir le publier, il est nécessaire que tu effectues des coupes qui suppriment au moins deux feuillets. Je t'aurais épargné ce sacrifice si nous avions eu six ou huit pages comme avant, mais avec le journal à quatre pages, la publication des articles ne peut se faire qu'à condition qu'ils soient beaucoup plus courts.

Renvoie-le-moi immédiatement, je te salue cordialement,

[Aldo Borelli]

XLVIII

Rome 11 septembre 1939 XVII

Cher Borelli,

J'ai reçu samedi, en date du 7 septembre, une lettre de l'administration, accompagnée d'un chèque de 4 994 lires « pour solde de la somme de 14 994 lires due pour la publication de neuf articles » africains.

Comment dois-je interpréter cette lettre ? Comme un renoncement aux six autres articles dont nous étions convenus ? Non, parce qu'aujourd'hui, en effet, tu me renvoies le dixième, mais tu ne le refuses pas : tu le renvoies pour que je le coupe.

Si c'était un renoncement de votre part aux six autres articles, je devrais en déduire que vous ne comptez pas me payer les dix mille lires restantes ? Cela me paraît impossible. Notre contrat ne comporte pas de limites de temps pour la publication des articles. La réduction du *Corriere* à quatre pages me laisse toujours la porte de la *Lettura* ouverte, et, si on veut, de la *Domenica*. Moi, ce voyage, je l'ai fait, j'ai fait des sacrifices, j'ai couru des risques, surtout dans le Choa, pendant l'action de vingt jours contre Abebe Aragaï. J'en suis revenu diminué, on a trouvé mon état aggravé, et on m'a transféré à l'échelon supérieur d'invalidité.

Je pense pour cela que je dois interpréter cette lettre comme un acompte. Qu'en dis-tu ? Je te prie de me rassurer à ce sujet. Avec le journal à quatre pages, nous sommes tous sur la paille. Je n'ai pas d'autres revenus en perspective. Et donc ? Bien sûr, il s'agit d'un acompte que l'Administration a voulu m'envoyer pour m'aider en ces temps difficiles.

Bien affectueusement, ton

Malaparte

XLVIII

Milan, 12 septembre, 1939, XVII.

Cher Malaparte,

Je me suis immédiatement renseigné auprès de l'administration au sujet de ta lettre d'hier et j'ai rattrapé l'affaire. Mais c'est vraiment entièrement de ta faute parce que tu as fait traîner au-delà de toute limite un reportage qui, tu le savais parfaitement (il suffit de parcourir toute notre correspondance), devait se conclure courant avril ou mai, rien que ça. Si tu avais rempli ton devoir comme tu l'avais promis dans les limites de temps dont nous étions convenus, nous n'aurions pas eu la charge d'un double reportage sur l'Afrique – car Buzzati est notre envoyé là-bas depuis très longtemps – et nous n'aurions pas de difficultés avec tes articles aujourd'hui, car avec les numéros à quatre pages, nous pouvons publier un article par mois maximum.

De toute façon, je te dis que pour le moment l'affaire est réglée ; toutefois, je te prie de m'envoyer tout de suite les autres articles que je garderai ici et que je publierai dès que je pourrai en te les payant au prix convenu. Mais si tu fais encore traîner cette histoire pendant longtemps, je ne peux pas te garantir que tout se passera comme tu l'entends. En bref, envoie-moi tout de suite ou le plus rapidement possible les six articles qu'il te reste encore.

Cordialement,

[Aldo Borelli]

XLIX

Rome 15 septembre 1939 XVII

Cher Borelli,

D'accord, je t'enverrai au plus vite, d'ici quelques jours, les cinq articles que tu attends. Je t'en enverrai aussi un autre, qui peut également passer comme récit pour la rubrique *LETTURA*.

Mais tu crois qu'on ne peut pas revenir rapidement au moins à la formule à six pages ? Comment allons-nous faire, nous autres pauvres hères de collaborateurs ?

Quand tu viens à Rome, pourquoi ne daignes-tu pas m'en aviser ?

Salut, bien cordialement, ton

Malaparte

L*

[Télégramme]   [Milan,] 13/10/39

Malaparte – Gregoriana 44 Rome

Envoi articles promis urgent –

Borelli

LI

Rome 15 octobre 1939 XVII

Cher Borelli,
Je suis sorti hier de l'hôpital militaire de Monte Celio,
où j'ai passé quinze jours en observation, pour la révision
de l'invalidité qui a lieu tous les trois ans. Je me suis
ennuyé à mourir. Je viens de trouver ton télégramme et
je t'envoie tout de suite l'article, que j'ai recopié
aujourd'hui même. Je pense que je t'enverrai l'autre
mardi. Tu auras tout d'ici une semaine. Mais dois-je tenir
compte de ta circulaire, où tu nous conseilles de ne pas
dépasser une colonne ? Je n'en tiens pas compte (et je
pense bien faire) parce que, sinon, les articles deviennent
ridiculement courts. Si tu veux que je respecte la circulaire, dis-le-moi, s'il te plaît.
Salut, cher Borelli, bien affectueusement, ton

Malaparte

LII*

[Milan,] 15 novembre 1939 – XVII

Malaparte Gregoriana 44 Rome

Articles très urgents –

Borelli

LIII

[Rome,] 2 décembre 1939 XVIII

Cher Borelli,

Tu m'écris : « Tu m'avais dit l'autre jour à Milan que tes articles avaient été estimés très opportuns et acceptés auparavant. »

Non seulement je te l'ai dit l'autre jour à Milan, mais je te l'ai écrit à l'époque, quand j'ai eu le « feu vert » du Chef à travers Alfieri. Le document est archivé au ministère de la Culture populaire, et Barnabei peut te le montrer quand tu veux.

Je n'aurais pas pu écrire une seule ligne, ou presque, de mes articles, si je n'avais pas obtenu l'accord du Chef au préalable. Et j'aurais encore moins pu faire allusion – ne serait-ce que faire allusion, aux opérations de police.

Par ailleurs, je m'étais mis d'accord avec mon ami chef de cabinet de l'Afrique italienne, Meregazzi, pour que, si jamais quelque chose n'allait pas, il me le signalât en personne. Non seulement il ne s'est jamais manifesté en ce sens, mais chaque fois que je l'ai vu il m'a fait ses éloges.

Ce que dit la « marine suisse » d'Addis Abeba m'intéresse dans une certaine mesure. On sait bien que, si on s'en tenait à elle, on n'écrirait rien sur l'Éthiopie.

De toute façon, je garderai la remarque de Mauri à l'esprit.

Je joins à cette lettre l'article pour la *Lettura* : « Les gurba », qui me semble aller très bien pour la *Lettura*.

Je t'envoie d'ici quelques jours « Comment j'ai sauvé les peintures de Debré Markos ». Veux-tu quelques photos des peintures ? J'en ai de très belles.

En janvier, je *devrais* faire un saut de dix jours en Albanie.

Parini m'attend ; Benini m'a conseillé le mois de janvier. Bien entendu, j'écrirai cinq articles maximum, à te remettre en l'espace d'un mois. Cette fois-ci, c'est moi qui pose une date limite.

Ils veulent des articles « interprétatifs » du paysage, des gens, avec des allusions à l'œuvre de construction que nous faisons là-bas. Comme mes premiers articles sur l'Éthiopie où je parlais du peuple amhara, de ses rapports avec le paysage, la nature, etc. Ça m'ennuie sacrément d'aller en Albanie, avec le froid et la neige que je trouverai là-bas : mais ils y tiennent, ils insistent depuis septembre déjà, j'irai donc très probablement.

Si tu t'y opposes, fais-le-moi savoir immédiatement. Bien entendu, je te laisse fixer le montant de la rémunération par article.

Salut, cher Borelli, bien affectueusement, ton

Malaparte

LIV

Cher Malaparte,

Je suis très heureux que tu ailles en Albanie, et nous en parlerons et fixerons une rémunération spéciale pour les cinq articles dès que je viendrai à Rome.

Mais tu devrais repousser ton départ à février au moins, car, en ce moment, Ciro Poggiali et Molinari sont là-bas pour écrire une série d'articles. Il est vrai que tous deux s'intéressent à des questions techniques et agricoles ; mais tu comprends bien que je ne peux pas publier simultanément ta série d'articles sur l'Albanie. La meilleure solution serait donc que tu partes en février : et je t'engage bien sûr dès à présent pour les cinq articles albanais, je te le répète, nous en fixerons le tarif prochainement, quand je te verrai à Rome.

D'accord pour ce que tu me dis concernant les articles de l'Afrique. Envoie-moi aussi les photographies des peintures que tu as sauvées.

Je te salue cordialement,

ton [Aldo Borelli]

LV*

[Télégramme]   [Milan,] 11 décembre 1939

Malaparte – Gregoriana 44 Rome
Te prie envoyer chronique urgence

Borelli

LVI*

Cher Borelli,

Je ne t'ai pas répondu plus tôt car j'avais la grippe et je l'ai toujours. D'ailleurs, qui ne l'a pas attrapée, ces jours-ci ?

D'accord pour l'ajournement : je partirai donc en Albanie en février.

Quand tu viendras à Rome, n'oublie pas de me prévenir. Cela te coûte si peu, nom d'un chien ! Je sais que tu vois beaucoup de monde, et même des gens beaucoup moins amusants que moi, et beaucoup moins importants. Fais une entorse à tes habitudes, que diable !

Joyeux Noël, cher Borelli, et bonne année. Et mille autres vœux affectueux de ton

Malaparte

LVII*

[Télégramme]   [Milan,] 12 janvier 1940 – XVIII

Malaparte Gregoriana 44 Rome

Donne des nouvelles envoie articles
Cordialement –

Borelli

LVIII

Cher Borelli,

J'ai été malade, évidemment. Je te remercie pour ton affectueux télégramme ; mais si je ne donne pas de nouvelles, cela signifie que je ne vais pas bien. Ça ne peut pas être pour d'autres raisons. Je me remets donc au travail. Et, en attendant, je t'envoie cette fantaisie, qui m'est venue en tête en lisant Homère : la mer est partout, on ne peut jamais l'enlever alentour. D'ici quelques jours, je t'enverrai « Comment j'ai sauvé les peintures de Debré Markos ».

Bien cordialement, ton

Malaparte

Glossaire

amba : montagne.

ascari : soldat indigène enrôlé dans les troupes coloniales italiennes.

berbéré : piment qui a donné son nom à un mélange d'épices relevé très utilisé dans la cuisine éthiopienne et érythréenne.

billao : poignard doté d'une lame asymétrique en forme de feuille.

boulouk-bachi : grade des troupes coloniales italiennes équivalant à celui de sergent.

burgutta : mélange de farine et d'eau cuit sur une pierre brûlante.

cachi : prêtre copte.

chamma : grande pièce de coton blanche ; vêtement traditionnel des Éthiopiens.

charmouta : prostituée indigène.

chifta : bandit, rebelle, hors-la-loi.

choumbachi : grade des troupes coloniales italiennes équivalant à celui de maréchal des logis.

daftara : membre du clergé non ordonné.

farenji : étranger (notamment occidental).
guebbi : palais.
gurade : sabre recourbé éthiopien.
gurba : très jeunes assistants des *ascari*.
injera : galette à base de *tef*.
mamher : maître religieux.
masqal : croix.
negadras : chef des commerçants.
tchica : mélange de paille et d'argile employé pour les constructions.
tef : céréale éthiopienne.
tej : hydromel.
tella : bière traditionnelle.
toukoul : hutte circulaire.
zabegna : garde civil.
zaptié : unité de gendarmerie dans les colonies italiennes.
zigni : plat national érythréen, composé de viande en sauce, de *berbéré* et de légumes, servi sur une *injera*.

TABLE

Collection "Arléa-Poche"

ACHEVÉ   D'IMPRIMER
EN   OCTOBRE   2020
SUR LES PRESSES DE
CORLET   NUMÉRIQUE
À CONDÉ-EN-NORMANDIE
C A L V A D O S

Numéro   d'édition :   1229
Numéro d'impression : 206614/164785
Dépôt légal : novembre 2020
Imprimé   en   France